Günter Buchstab (Hrsg.)

60 Jahre CDU

Verantwortung für Deutschland und Europa

Günter Buchstab (Hrsg.)

60 Jahre CDU
Verantwortung für Deutschland und Europa

Eine Veröffentlichung der Konrad-Adenauer-Stiftung e.V.

Konrad-Adenauer-Stiftung e.V.
Umschlag nach einem Entwurf der Druckerei Paffenholz, Bornheim.
Bildnachweis: Bundespresseamt (Helmut Kohl) und Konrad-Adenauer-Stiftung (alle anderen).
© 2005, Konrad-Adenauer-Stiftung e.V., Sankt Augustin
Alle Rechte vorbehalten.
Nachdruck – auch auszugsweise – allein mit Zustimmung der Konrad-Adenauer-Stiftung.
Printed in Germany.
Gedruckt mit finanzieller Unterstützung der Bundesrepublik Deutschland.
ISBN 3-937731-50-4

Inhalt

Christliche Demokraten gegen Hitler — 7

Geschichte der CDU — 11

Christlich-Demokratische Union in der SBZ/DDR — 21

Europa – Leitbild und Herausforderung
christlich-demokratischer Politik — 27

Vorsitzende und Generalsekretäre der CDU — 35

Vorsitzende und Generalsekretäre
der NEI, EUCD und EVP — 37

Kölner Leitsätze — 39

Gründungsaufruf Berlin — 45

Zeittafel — 49

Bundestagswahlen 1949–2002 — 77

Literaturauswahl zur Geschichte der CDU — 79

Der Herausgeber — 88

Bellini

Christliche Demokraten gegen Hitler

Ein fester Bestandteil des Selbstverständnisses und Geschichtsbildes der Unionsparteien ist die „ideelle Gründung" in den Gefängnissen des Dritten Reiches und in den ungezählten Gesprächen und Zusammenkünften im Widerstand. So heißt es unter der Überschrift „Wer wir sind" im Hamburger Grundsatzprogramm der CDU von 1994, die CDU habe, als neue Volkspartei entstanden, ihre geistigen und politischen Wurzeln – wie in der Sozialethik der christlichen Kirchen und in der liberalen Tradition der europäischen Aufklärung – „im christlich motivierten Widerstand gegen das nationalsozialistische Terrorregime". Leo Schwering, ein Kölner Parteigründer, sprach in Analogie zur frühen Märtyrergeschichte des Christentums vom „Katakombengeist", der in den Widerstandskreisen und Gestapogefängnissen die überkommenen konfessionellen, politischen und sozialen Gegensätze ausgelöscht und der Idee einer christlich-demokratischen Volkspartei die unwiderstehliche Kraft verliehen habe. Gleiches bezeugt

Josef Müller, Mitgründer und erster Vorsitzender der CSU: Sein Entschluß, evangelische und katholische Christen, die Träger des geistigen Widerstandes gegen den Nationalsozialismus gewesen seien, zur politischen Arbeit in einer neuen „dynamischen Gruppierung" zusammenzuführen, sei in den bittersten Stunden der Haft und Todesnot im Konzentrationslager gefaßt worden.

Heute wird kaum noch in Zweifel gezogen, daß die nichtsozialistischen Kräfte, die das parlamentarische System von Weimar getragen hatten, politisch verfolgt waren und sich dem Nationalsozialismus widersetzt haben. Unbestreitbar ist, daß sie die Kernmannschaft im Gründungsprozeß von CDU und CSU bildeten. Ihr Anteil am politisch-gesellschaftlichen Neuaufbau nach 1945 war bedeutend. Der personellen Kontinuität zwischen Verfolgungs- und Widerstandszeit im Dritten Reich und der Nachkriegsdemokratie der Bundesrepublik entsprach eine ideelle Kontinuität, die in den politischen Grundentscheidungen der Nachkriegszeit und in den Aufbaujahren der Bundesrepublik nachweisbar ist. Es waren eben nicht die „alten Nazis", sondern die noch älteren „Weimarer", die, durch die Erfahrung der NS-Herrschaft, durch die Leiden der Verfolgung und durch die Gemeinsamkeit im Widerstand gegen das Gewaltregime einsichtsvoller und konsensbereiter geworden, der demokratischen Neuordnung nach 1945 den Stempel aufdrückten – in CDU und CSU ebenso wie in den anderen Parteien des demokratischen Neuanfangs.

Jakob Kaiser, einer der führenden Widerstandskämpfer und Mitgründer der CDU in Berlin, ist der Kronzeuge für den historischen Zusammenhang von Widerstand und Unionsgründung. „Überlebende des 20. Juli", so berichtete er im Dezember 1945 in einem Rundschreiben seinen ehemaligen Gewerkschaftskollegen, hätten sich zur Bildung einer „großen einheitlichen und demokratischen Partei" zusammengefunden.

Das Vermächtnis des 20. Juli 1944 ist in der Bundesrepublik von CDU und CSU kontinuierlich gepflegt und als Verpflichtung zur Bekämpfung des Totalitarismus und zur Verteidigung der Freiheit angenommen worden. Aus dem „Kampf gegen den Ungeist des Terrors" sei die Grunderkenntnis hervorgegangen, das politische Feld nicht „den Feinden der Freiheit und der Gesittung, den Verneinern des Christentums zu überlassen", so 1954 Karl Arnold, Ministerpräsident von Nordrhein Westfalen, Mitgründer der CDU und der Einheitsgewerkschaft in Düsseldorf. Jakob Kaiser, der inzwischen im Widerstandskampf gegen den Kommunismus Zuflucht im freien Deutschland gefunden hatte und erster Bundesminister für gesamtdeutsche Fragen geworden war, wollte im „20. Juli" nicht nur den einen Tag sehen. „Seinem Geschehen", so erklärte er, „ging die Widerstandsarbeit von Jahren, zum Teil von mehr als einem Jahrzehnt voraus, in denen Menschen und Gruppen mit hartem Willen um die Möglichkeiten der Rettung unseres Volkes rangen und in denen sie sich um die Konzeption einer neuen Ordnung mühten. In dieser ihrer Vorbereitungsarbeit liegt auch für unsere heutige Zeit Wegweisendes." (1952) ∎

Geschichte der CDU

Die Gründung der Unionsparteien ist die bedeutsamste Innovation in der deutschen Parteiengeschichte seit 1945. CDU und CSU haben die seitherige Entwicklung wesentlich mitbestimmt und dem Parteiensystem zu einer ungewohnten Stabilität verholfen. Dieser Neuanfang bedeutete zugleich das Ende eines christlich-konfessionellen Parteityps, der sich seit der zweiten Hälfte des 19. Jahrhunderts entwickelt hatte. Unmittelbar nach dem Zusammenbruch des NS-Regimes entstanden überall in Deutschland politische Gruppierungen, die eine interkonfessionelle Volkspartei anstrebten. Am 26.6.1945 veröffentlichte in Berlin ein Gründerkreis mit Andreas Hermes an der Spitze einen Aufruf zur Sammlung christlich, demokratischer und sozialer Kräfte. In Köln fiel im Juli 1945 mit dem Aufruf für die Gründer einer Christlich-Demokratischen Partei (CDP) zugleich eine Vorentscheidung gegen die Wiedergründung der katholischen Deutschen Zentrumspartei. Bis zum Frühjahr 1946 war die Phase der Neugründung in allen vier Besatzungszonen, auf Stadt-, Kreis-, Land- oder anderer Verwaltungsebene abgeschlossen. Auf einem Reichstreffen am 14.–16.12.1945 in Bad Godesberg hatten sich die Delegierten mit Ausnahme der bayerischen CSU auf den Namen CDU geeinigt.

Die neue Partei nannte sich zur Abgrenzung von herkömmlichen Parteien Union. Die Grundsätze christlichen Staats- und Gesellschaftsverständnisses gaben ihr nach der Katastrophe des Nationalsozialismus eine geistig-moralische Orientierung für den Neuanfang. Drei Leitideen kennzeichnen die Neugründung. Die Union, der Brückenschlag zwischen katholischen und evangelischen Christen, überwand konfessionell bedingte Gegensätze in der Politik (Interkonfessionalität). Die Integration unterschiedlicher sozialer Schichten, früherer politischer Ausgangspositionen sowie landsmannschaftlich-föderal geprägter Unterschiede zielte auf eine umfassende Volkspartei. Schließlich beanspruchte man zur Erneuerung Deutschlands auch programmatisch die politische Führung und wollte als Mehrheitspartei die Politik bestimmen. Bis zu dem bundesweiten Zusammenschluß der CDU auf dem Goslarer Parteitag im Oktober 1950 hatten sich Wahlerfolge in den Ländern und die Durchsetzungskraft im Frankfurter Wirtschaftsrat und im Parlamentarischen Rat zu einem knappen Sieg bei der Bundestagswahl 1949 verdichtet. Programmatisch hatte die Union sich in dieser Zeit von Vorstellungen eines christlichen Sozialismus (Ahlener Programm vom 3.2.1947) zur Sozialen Marktwirtschaft (Düsseldorfer Leitsätze vom 15.7.1949) umorientiert. Bis 1949 war Konrad Adenauer zur dominierenden Führungspersönlichkeit im Westen geworden. Mit seiner Wahl zum ersten Bundeskanzler (15.9.1949) war auch die Entscheidung gegen den Führungsanspruch der Berliner Gründer gefallen, die unter Andreas Hermes und Jakob Kaiser sowohl eine zentrale Bedeutung für ganz Deutschland wie eine eigenständige Rolle in der SBZ beanspruchten, aber von der sowjetischen Besatzungsmacht aus ihren Ämtern verdrängt worden waren. Damit waren auch ihre außenpolitischen Brückenkonzepte und ihre Vorstellung eines dritten Weges zwischen Kapitalismus und Sozialismus gescheitert. Die bis Ende 1947 eigen-ständige und erfolgreiche Partei in der SBZ (über 200.000 Mitglieder) wurde bis 1952 zu einer „einschränkungslos-sozialistischen Partei" der DDR und zu einer Blockpartei (Otto Nuscke) transformiert.

Die Entwicklung der CDU bis 1969 ist geprägt von der Rolle als dominierende Kanzlerpartei. In der Adenauer-Ära, unter dem Vorsitz Adenauers (1950–1966) sowie unter den Bundeskanzlern Ludwig Erhard (1963–1966) und Kurt Georg Kiesinger (1966–1969) erreichte die Union glänzende Wahlerfolge. Bei keiner Wahl seit 1953 kam sie auf weniger als 45 % der Stimmen, 1957 erreichte sie zum einzigen Mal in der Geschichte der Bundesrepublik mit 50,2 % auch die absolute Wählermehrheit. Bis 1961 hatte sie auch einen Großteil der nach 1945 neu entstandenen Klein-, Regional- oder Interessenparteien (z. B. Deutsche Zentrumspartei, BHE/GB, Deutsche Partei) ohne Reibungsverluste oder Identitätseinbußen aufgesogen und integriert.

Die Volkspartei CDU entsprach organisatorisch weitgehend dem Typ einer Honoratiorenpartei mit ausgeprägt föderalem Charakter. Die Landesverbände hatten herausragende Bedeutung und kontrollierten die Kandidatenauswahl bei Landtags- und Bundestagswahlen. Die Partei finanzierte sich und die Wahlkämpfe überwiegend aus Spenden; Mitgliedsbeiträge fielen kaum ins Gewicht. Nur die Hälfte der etwa 400 Kreisverbände verfügte über einen hauptamtlichen Geschäftsführer. Die politische Willensbildung und die programmatische Ausrichtung erfolgten nicht in erster Linie über die Organisationsstufen der Partei (Bundespartei, LV, KV, OV). Politischen Einfluß gewannen stärker und je nach Gewicht die Vereinigungen und Arbeitskreise innerhalb der Partei: Junge Union, Christlich-Demokratische Arbeitnehmerschaft, Frauen-Union, Mittelstandsvereinigung, Kommunalpolitische Vereinigung, Ost- und Mitteldeutsche Vereinigung, Evangelischer Arbeitskreis, Wirtschaftsrat der CDU und – seit 1988 – die Senioren-Union. Dazu spielte eine enge Verzahnung mit dem vorpolitischen Raum in Vereinen, Verbänden und Kirchen für Wähleransprache und Elitenrekrutierung eine bedeutsame Rolle. Die zentralen programmatischen Leitbilder, die in erfolgreiche Regierungspolitik umgesetzt wurden, waren wichtige Elemente des Zusammenwachsens und des Zusammenhalts: die Soziale Marktwirtschaft als Basis für Wiederaufbau, Wohlstand und soziale Absicherung, die Westintegration als wertgebundene Außen- und Sicherheitspolitik sowie das Selbstverständnis als Europapartei und als Partei der deutsche Einheit.

In den 60er und beginnenden 70er Jahren geriet die Union unter Anpassungsdruck. Die gesellschaftlichen und politischen Verhältnisse änderten sich. Fragen der Führung und der Mitgliedschaft, der Programmatik und der Organisation erhielten unter dem Stichwort Parteireform neuen Stellenwert. Erstmals war auf wirtschaftliche Rezessionserscheinungen einzugehen, die Entspannungsversuche zwischen den Supermächten (Ost-West-Konflikt) drohten vitale deutschen Interessen zu vernachlässigen, die christliche geprägten Normen und Wertvorstellungen in der Gesellschaft verloren durch fortschreitende Säkularisierung ihre bisherige Verbindlichkeit. Die Partei sackte besonders in Großstädten ab und mußte in den Ländern empfindliche Einbußen hinnehmen. Die Parteivorsitzenden Ludwig Erhard (1966/67) und Kurt Georg Kiesinger (1967–1971) konnten nicht verhindern, daß die SPD für immer größere Schichten eine wählbare Alternative wurde. Die Diskussion um eine Parteireform kam seit Ende der 50er Jahre nicht vom Fleck. Urteile des Bundesverfassungsgerichts 1958 und 1966 blockten die seitherige Finanzierung über Steuern und Spenden ab (Parteienfinanzierung). Das Parteiengesetz von 1967 forderte Veränderungen in den Strukturen der innerparteilichen Willensbildung. Auf dem Parteitag 1967 in Braunschweig wurden die Voraussetzungen für eine handlungsfähige Bundespartei geschaffen. Die neue Satzung legte fest, daß alle

Vorstandsmitglieder gewählt wurden, ebenso der neu eingeführte Generalsekretär (CDU-Statut). Der frühere Bundesgeschäftsführer (1952–1958) Bruno Heck blieb Generalsekretär bis 1971. Er reorganisierte die CDU-Bundesgeschäftsstelle und die Kreisverbände und ließ alle Parteiebenen das Berliner Programm (1968) mitdiskutieren und mitbestimmen, das erste umfassende Parteiprogramm seit 1949. Diese Anstrengungen halfen mit, 1969 den Regierungsverlust trotz eines respektablen Wahlergebnisses (46,1 %) ohne innere Zerreißprobe zu bewältigen. Die Opposition und der politische Kampf gegen die Ost- und die Reformpolitik der sozial-liberalen Koalition wurden jedoch überwiegend von der Fraktion aus betrieben. Der Führungsanspruch des Fraktionsvorsitzenden Rainer Barzel wurde 1971 mit seiner Wahl zum Parteivorsitzenden bestätigt. Er trat 1973 nach mißglücktem Mißtrauensvotum gegen Bundeskanzler Brandt und verlorener Bundestagswahl 1972 (44,9 %) zurück.

1973 wurde Helmut Kohl zum Vorsitzenden gewählt. Die 25 Jahre unter seinem Vorsitz lassen sich in drei Zeiträume unterteilen. In der Oppositionszeit von 1973–1982 wurde die Partei neu formiert; in der Regierungszeit bis 1989/90 standen die Stabilisierung und Neuausrichtung von Wirtschafts-, Außen- und Europapolitik im Vordergrund; bis 1998 mußten die innere Einheit des wiedervereinigten Deutschlands und die Veränderungen in Europa nach dem Zusammenbruch des Sowjetimperiums vorrangig gestaltet werden. Die bisherigen Ansätze einer Parteireform wurden seit 1973 umgesetzt. Die Mitgliederentwicklung war seit 1945 uneinheitlich verlaufen. In den Westzonen gab es bis zur Währungsreform (1948) geschätzte 400.000 Mitglieder Die Zahl sank bis 1954 auf ca. 215.000, stieg 1962 auf 248.633, 1969 auf 303.532 an. In dem Jahrzehnt bis 1981 verdoppelte sie sich auf 705.116. Die Mitgliederzahl erreicht 1985 mit 734.361 ihren Höchststand und sank kontinuierlich bis 1990 auf 655.200. Durch den Zugang aus den fünf neuen Ländern erhöhte sich die Mitgliederzahl 1991 auf 756.519; sie sank bis 1994 auf 624.279 und stabilisierte sich bis 1999 bei 638.056. Auch die Mitgliederstruktur änderte sich erheblich. Bis 1970 waren über 70 % katholisch und nur wenig über 20 % evangelisch, 1982 waren knapp 60 % katholisch und knapp 35 % evangelisch, 1990 gut 58 % katholisch und gut 35 % evangelisch. Der Anteil der Frauen stieg von etwa 13 % in den 60er Jahren über 21 % 1982 auf 23 % 1990. Der Altersdurchschnitt (2000: 54,9 Jahre) und der Anteil der über 60jährigen (43,3 %) sanken erheblich; 52,1 % waren katholisch und 34,8 % evangelisch bei einem Frauenanteil von 25,2 %.

Parallel zur Mitgliedersteigerung wurde der hauptamtlich besetzte Parteiapparat ausgebaut. Neben 240 Mitarbeitern in der Bundesgeschäftsstelle arbeiteten 1979 ca. 620 Beschäftigte auf Landes- und Kreisebene. Auf dem Parteitag in Ludwigshafen wurde 1978 ein neues Grundsatzprogramm beschlossen. Die ersten beiden Generalsekretäre Kurt Biedenkopf (1973–1977) und Heiner Geißler (1977–1989) hatten erheblichen Anteil daran, die CDU zu einer organisationsgefestigten Volkspartei zu reformieren und programmatisch zu erneuern. Das Grundsatzprogramm umschrieb das christliche Selbstverständnis, die Ausgestaltung der Sozialen Marktwirtschaft und die europa- und deutschlandpolitische Zielsetzung angesichts veränderter Rahmenbedingungen. Nicht zuletzt konzentrierte sich die Partei stärker auf internationale Zusammenarbeit. Seit 1947 arbeitete man in den Nouvelles Equipes Internationales (NEI) mit, die 1965 in die Europäische Union Christlicher Demokraten (EUCD) umgewandelt wurden. 1976 wurde unter maßgeblichem Einfluß der CDU die Europäische Volkspartei (EVP) als „Föderation der christlich-demokratischen Parteien der EG" gegründet. Zusätzlich ist die Partei Mitglied der 1978 entstandenen, auch konservative Parteien umfassenden Europäischen Demokratischen Union (EDU). Bei den ersten Direktwahlen zum Europäischen Parlament erhielt die Union 1979 49,2 % der Stimmen. Die CDU wurde zu einer Mitgliederpartei mit hauptamtlicher Organisationsstruktur und übernahm zugleich eine führende Rolle in europäischen und internationalen Parteizusammenschlüssen.

Bis zur Regierungsübernahme von 1982 war die CDU vom Ur- und Prototyp einer Volkspartei zur modernen Volkspartei umgestaltet worden. Die strukturelle Mehrheitsfähigkeit der Union wurde in den Bundestagswahlen von 1976–1987 mit Ergebnissen von über 45 % und in den Landtagswahlen (mit Regierungsübernahmen in Niedersachsen, Berlin und Hessen) bestätigt. Zu den politischen Leitbildern der Regierungsjahre 1982–1989 gehörten die Erneuerung der Sozialen Marktwirtschaft durch eine große Steuerreform sowie durch die Stabilisierung und Verbesserung der Sozialversicherungssysteme (Soziale Sicherungssysteme), außenpolitisch durch die europäische Einigung sowie die Stabilisierung der NATO und der transatlantischen Beziehungen. Nicht zuletzt war eine pragmatische, aber prinzipientreue Deutschlandpolitik Kennzeichen dieser Politik. Die Partei setzte vor allem in der Frauenpolitik (Essener Parteitag 1985) und in der Familienpolitik Akzente.

In der zweiten Hälfte der 80er Jahre zeigten sich allerdings deutliche Erosionserscheinungen. An den Rändern des Parteienspektrums tauchten mit den Grünen und den Republikanern neue Parteien auf. Die Erosion des katholischen und des herkömmlich bürgerlichen Milieus betraf vor allem die traditionelle Klientel der Union. Wahlverluste in den Ländern und personell-programmatische Auseinandersetzungen steigerten sich gegenseitig. Sie kamen auf dem Bremer Parteitag (1989) mit dem Konflikt um Generalsekretär Geißler und dem Versuch, den Vorsitzenden Kohl zu stürzen, zu einem Höhepunkt. Der zeitlich unmittelbar darauf erfolgende Zusammenbruch des sowjetischen Imperiums und der kommunistischen Systeme gaben Kohl die staatsmännisch genutzte Chance, die Wiedervereinigung Deutschlands herbeizuführen. Er nutzte gleichzeitig die Möglichkeit, eine demokratische und um bürgerrechtliche Strömungen erweiterte CDU in der

DDR zu legitimieren. Sein Wahlkampfeinsatz war ein wesentlicher Grund für den Wahlsieg der von ihm geschmiedeten „Allianz für Deutschland" (CDU, Demokratischer Aufbruch, Deutsche Soziale Union) bei den ersten freien Volkskammerwahlen im März 1990. Zur Erneuerung der CDU in der DDR gehörte auch das Bekenntnis, sich der Diktatur unterworfen und sie mitgetragen zu haben. Andererseits war sie in der DDR auch ein Sammelbecken für politisch-weltanschaulichen Unmut und Verweigerung gewesen. Die unter ihrem Vor-sitzenden und letzten Ministerpräsident der DDR, Lothar de Maizière, sich erneuernde CDU wurde am 1.10.1990, zwei Tage vor der Wiedervereinigung, mit ihrem Landesverband auf dem Hamburger Parteitag Teil der CDU Deutschlands.

Die Integration und Neuformierung der fünf neuen ostdeutschen Landesverbände war eine zentrale Aufgabe des Generalsekretärs Volker Rühe (1989–1992) und seines Nachfolgers Peter Hintze (1992–1998). Sie wurde erleichtert durch die Wahlsiege der CDU 1990 in Mecklenburg-Vorpommern, Sachsen-Anhalt, Sachsen und Thüringen. In Brandenburg gelang dies nicht. Gleichzeitig bedeutete der Aufbau Ost eine Bürde auch für das Zusammenwachsen der Partei. Struktur und Organisation sowie das Personal der Parteiverbände in den neuen Ländern mit 134.500 Mitglieder Ende 1989 mußten weitgehend neu geschaffen werden. Für die CDU erhielt die Herstellung der inneren Einheit Vorrang (1991 Weimarer Erklärung und Dresdener Manifest). Sie verabschiedete auf ihrem Parteitag in Hamburg 1994 ein neues gesamtdeutsches Grundsatzprogramm und untermauerte damit ihren Anspruch, die Partei der Einheit zu sein. Die Regierungspolitik bis zur Wahl 1994 hatte drei Schwerpunkte: der Binnenausgleich und die Erneuerung des Standorts Deutschland (Solidarpakt 1993), die Annahme neuer internationaler Verantwortung des wiedervereinigten Deutschlands (Verträge mit Polen und Rußland, Out of Area-Einsatz der NATO) und schließlich die europäische Zukunft (Vertrag von Maastricht 1992). Union und Koalition siegten nochmals bei der Bundestagswahl 1994

(CDU und CSU 41,5 %). Zu den anstehenden Aufgaben gehörten die Durchsetzung der einheitlichen europäischen Währung Euro und die Einstellung Deutschlands auf die neuen wirtschaftlichen Herausforderungen. Die Spannung von Kanzlerdemokratie und Koordinationspolitik in der Koalition verhinderte jedoch zunehmend ein entschlossenes und einheitliches Vorgehen. Der Umbau des Sozialstaates und die Anstrengungen im Zusammenhang mit der Globalisierung der Wirtschaft (Steuerreform) stießen auf die Blockade durch die Opposition im Bundesrat. Innerhalb der Partei wurde immer häufiger die Frage nach der Nachfolge gestellt. 1998 ging Kohl nochmals als Spitzenkandidat in die Bundestagswahl. Diese ging dramatisch verloren (CDU und CSU 35,1 %). Kohl trat als Parteivorsitzender zurück; Wolfgang Schäuble wurde 1998 zum Nachfolger gewählt. Die Stabilität der Volkspartei erwies sich 1999 bei Siegen in Landtags- und Kommunalwahlen. Wie stark der 25jährige Vorsitz durch Kohl die Partei geprägt hatte, wurde in der Parteispendenaffäre (1999/2000) deutlich. Sie stürzte die CDU in eine tiefe Krise. Schäuble trat 2000 zurück. Ihm folgte seine bisherige Generalsekretärin Angela Merkel als Parteivorsitzende. Die CDU hat die deutsche Politik in der zweiten Hälfte des 20. Jahrhunderts programmatisch konzipiert und in 38 Regierungsjahren maßgebend gestaltet. Die Fähigkeit, ein Höchstmaß an Kontinuität zu wahren und sich gleichzeitig als Volkspartei auf veränderte politische und gesellschaftliche Verhältnisse einzustellen, kennzeichnet die Entwicklung der CDU seit mehr als 60 Jahren. ∎

Lit.: D. BUCHHAAS: Die Volkspartei. Programmatische Entwicklung der CDU 1950–1973 (1981); W. SCHÖNBOHM: Die CDU wird moderne Volkspartei. Selbstverständnis, Mitglieder, Organisation und Apparat 1950–1980 (1985); W. BECKER: CDU und CSU 1945–1950 (1987); P. HAUNGS: Die CDU. Prototyp einer Volkspartei, in: A. MINTZEL/H. OBERREUTER (Hg.): Parteien in der Bundesrepublik Deutschland (21992); H.-O. KLEINMANN: Geschichte der CDU 1945–1982 (1993); KONRAD-ADENAUER-STIFTUNG (Hg.): Kleine Geschichte der CDU (1995); P. HINTZE (Hg.): Die CDU. Parteiprogramme (1995); O. NIEDERMAYER (Hg.): Die Parteien nach der Bundestagswahl 1998 (1999).

aus: Lexikon der Christlichen Demokratie in Deutschland. Paderborn 2002

Christlich-Demokratische Union in der SBZ/DDR

In der Sowjetischen Besatzungszone (SBZ) war der CDU, ähnlich wie der Liberal-Demokratischen Partei (LDP) als der zweiten „bürgerlichen" Partei, keine Entfaltungsmöglichkeit gegeben. Die CDU-Vorsitzenden Andreas Hermes und Walther Schreiber wurden schon Ende 1945 wegen ihrer Ablehnung der Bodenreform abgesetzt, dasselbe Schicksal traf ihre Nachfolger Jakob Kaiser und Ernst Lemmer Ende 1947, weil sie sich der SED-gesteuerten Volkskongreßbewegung verweigerten. Innerhalb weniger Jahre wurden auch fast alle Landesvorsitzende der Ost-CDU und die übrigen Funktionseliten ausgeschaltet oder auf prokommunistischen Kurs gebracht. SMAD und SED räumten so nicht nur ihren ideologischen, sondern auch ihren gefährlichsten politischen Gegner aus dem Wege, denn bei den Landtags-, Gemeinderats- und Kreistagswahlen im Herbst 1946 hatte die CDU trotz massiver Behinderungen rund ein Viertel der Wählerstimmen erringen können und war zweite Kraft hinter der SED geworden. Auch die Hochschulgruppen der CDU, die, zusammen mit denen der LDP, bei den Studentenratswahlen im Wintersemester 1948/49 noch Mehrheiten bis zu 70 % erreichen konnten, mußten ihre Tätigkeit mit Beginn der 50er Jahre nach und nach einstellen. Nach der Gründung der DDR wurden die Säuberungswellen und Repressionsmaßnahmen verschärft. Zwar blieb an der Basis der Ost-CDU in den 50er Jahren und z. T. weit darüber hinaus eine oppositionelle Grundhaltung bestehen, doch nach außen hin gestaltete sich das Parteileben im wesentlichen nach den Vorgaben der SED und einer ihr ergebenen Parteileitung. Nach den Vorstellungen der SED sollte die CDU vor allem eine Transmissionsorganisation sein: Sie sollte den Christen in der DDR die postulierte Vereinbarkeit der „humanistischen Ziele" des Sozialismus mit denen des Christentums vermitteln und sie an den sozialistischen Staat heranführen.

In dieser Absicht suchte die CDU über verschiedene Einrichtungen wie die Abteilung Kirchenfragen beim Sekretariat des Hauptvorstandes, die „Arbeitsgemeinschaft Christlicher Kreise" beim Nationalrat der Nationalen Front oder den 1958 ins Leben gerufenen Bund Evangelischer Pfarrer in der DDR den Kontakt zu „kirchenleitenden Persönlichkeiten", Pfarrern und sonstigen kirchlichen Amtsträgern, um sie als Multiplikatoren zu gewinnen. Diesem Ziel dienten auch Gesprächsangebote und Veranstaltungsreihen wie „Bürgerpflicht und Christenpflicht" und „Tradition und Verpflichtung", Kirchenzeitungen wie die evangelische Monatsschrift „Standpunkt" und die katholische „begegnung" sowie die Mitarbeit in der „Christlichen Friedenskonferenz" und in der „Berliner Konferenz europäischer Katholiken". Doch vermochte die CDU diesbezüglich nur sehr bescheidene Erfolge zu erzielen. Insbes. war ihr die atheistische Komponente des Kommunismus dabei im Weg. Die Zahl der Geistlichen und Theologen unter den CDU-Mitglieder lag 1989 bei 353; das entspricht bei 134.507 Mitglieder 0,26 %. Diese Größenordnung blieb über die Jahrzehnte hinweg nahezu unverändert. Dabei rekrutierte sich der Anteil der Pfarrer praktisch ausschließlich aus dem protestantischen Bereich. Die katholische Amtskirche lehnte den atheistischen Weltanschauungsstaat klar ab und blieb konsequent politisch abstinent. 1960 distanzierten sich die katholischen Bischöfe vom politischen „Mißbrauch des Christentums" und meinten damit die gleichgeschaltete CDU. Bei wichtigen kirchen- und gesellschaftspolitischen Entscheidungen stand die CDU in der Regel an der Seite der SED, etwa bei der Zerschlagung der Jungen Gemeinde (1953) oder bei der Einführung der Jugendweihe (1954) und des Wehrkundeunterrichts (1978).

Die CDU war die mitgliederstärkste unter den vier kleineren Blockparteien. Ihren höchsten Stand hatte sie 1948 – vor Beginn der Säuberungswellen – mit 218.000 Mitgliedern. Durch die Repressionen im Zuge der Gleichschaltungsprozesse verlor sie bis 1952 ca. 25 % ihrer Mitglieder, danach bis zum Mauerbau 1961 durchschnittlich 2.000 Mitglieder pro Jahr durch Verhaftung, „Republikflucht" – eine massive Form der Kritik – oder durch Austritt infolge der Einschüchterungen. Von den 35 Unterzeichnern des Berliner Gründungsaufrufs von 1945 waren Mitte 1950 nur noch zwei in der DDR. Ende 1989 hatte die CDU knapp 135.000 Mitglieder – das bedeutete einen Anteil von 0,8 % der DDR-Bevölkerung. Sie waren in nahezu allen sozialen Schichten angesiedelt; mit gut 10 % konnten die „Unionsfreunde" – so nannten sich die Mitglieder untereinander – auch einen stattlichen Anteil an Arbeitern – eigentlich die Domäne der SED – aufweisen. Der Schwerpunkt lag bei den Angestellten in der Wirtschaft und in den staatlichen Verwaltungen. Der Frauenanteil war traditionell hoch; 1989 betrug er 45,3 %. Höchstes Organ auf zentraler Ebene war der Parteitag, der alle vier bis fünf Jahre zusammentrat und den mehr als hundertköpfigen Hauptvorstand und den Parteivorsitzenden wählte. Leitungsorgane waren das Präsidium des Hauptvorstandes, das bis 1960 Politischer Ausschuß hieß und das Sekretariat des Hauptvorstandes. Diesem unterstand die zentrale Geschäftsstelle. Es war das eigentliche Machtzentrum der Partei, denn es bereitete die Vorlagen für das Präsidium vor und überwachte die Durchführung von dessen Beschlüssen. Für die Heranbildung des Funktionärsnachwuchses stand die Zentrale Schulungsstätte „Otto Nuschke" in Burgscheidungen/Unstrut zur Verfügung.

Unter den kleineren Blockparteien war die CDU am besten mit Parteieigentum ausgestattet. Zwei Buchverlage – der „Union-Verlag" in Berlin und „Koehler & Amelung" in Leipzig – zahlreiche Zeitungsverlage, Druckereien und ähnliche parteieigene Wirtschaftsunternehmen waren seit 1952 in der „Vereinigung organisationseigener Betriebe" (VOB Union) zusammengefaßt; sie bildete eine der Haupteinnahmequellen der Partei. Zentralorgan der CDU war die „Neue Zeit" mit einer täglichen Auflage von zuletzt 188.000 Exemplaren. Regionalzeitungen waren „Der Demokrat" (Mecklenburg-Vorpommern), die „Märkische Union" (Brandenburg), das „Thüringer Tageblatt", „Der neue Weg" (Sachsen-Anhalt) und die „Union" (Sachsen). Das Funktionärsorgan „Union teilt mit" (Utm) erschien in einer monatlichen Auflage von 12.000 Stück.

Obwohl sich die Leitungsgremien der Ost-CDU nach deren Gleichschaltung über 40 Jahre hinweg als Hilfsorgane der SED erwiesen, stand diese der „befreundeten Partei", in der die Kritik der Basis am Führungsanspruch der SED und an der Angepaßtheit der eigenen Parteiführung immer virulent blieb, mit unverhohlenem Mißtrauen gegenüber. Parteigruppen in den Betrieben waren der CDU – wie auch den anderen kleineren Blockparteien – nicht erlaubt. Der Anteil der ihr zugestandenen Ministerposten ging kontinuierlich zurück, berufliche Spitzenpositionen kamen für sie nur sehr begrenzt in Frage. Auf außenpolitische Entscheidungen gestand man ihr keinen Einfluß zu; in der Wirtschaftspolitik schätzte man ihre Hilfsdienste bei der Verstaatlichung der Betriebe sowie bei der Kollektivierung der Landwirtschaft und des Handwerks. Hervorzuheben ist das Engagement der Ost-CDU in der Kulturpolitik.

Der Auf- und Umbruch in der DDR im Spätsommer und Herbst 1989 ließ auch die Ost-CDU nicht unberührt. Vier Mitglieder von der Basis der Partei formulierten Anfang September 1989 in dem „Brief aus Weimar" fundamentale Kritik an ihrer Partei und am politischen System der DDR; gefordert wurden u. a. Reise- und Pressefreiheit sowie Aufklärung über die tatsächliche wirtschaftliche Lage des Landes. Der Brief wurde zu einem Markstein der demokratischen Erneuerung der Ost-CDU. Am 2.11.1989 trat der langjährige Vorsitzende Gerald Götting zurück; die CDU verneinte durch Satzungsänderung den Führungsanspruch der SED und trat aus dem „Einheitsblock" aus. Bei einem Sonderparteitag am 15./16.12.1989 in Berlin präsentierte sich eine personell, organisatorisch und programmatisch erneuerte CDU, die sich vom Sozialismus abkehrte und ihre Mitschuld an den Fehlentwicklungen in der DDR bekannte. Der neue Vorsitzende Lothar de Maizière wurde zum Ministerpräsidenten gewählt, nachdem die CDU aus den Volkskammerwahlen vom 18.3.1990 mit 40,59 % als stärkste Partei hervorgegangen war; sie war zusammen mit der Deutschen Sozialen Union (DSU) und dem Demokratischen Aufbruch (DA) im Wahlbündnis „Allianz für Deutschland" angetreten. Gemeinsam mit der Bundesregierung und den Alliierten führte die Regierung de Maizière über die Währungs-, Wirtschafts- und Sozialunion, den Einigungsvertrag und den Zwei-plus-Vier-Vertrag die deutschen Wiedervereinigung durch Beitritt der DDR zur Bundesrepublik Deutschland nach Art. 23 GG herbei. Beim 38. CDU-Bundesparteitag am 1./2.10.1990 in Hamburg vereinigten sich West- und Ost-CDU und bildeten so den ersten gemeinsamen Parteitag der CDU. ∎

Lit.: P. J. LAPP: Die „befreundeten Parteien" der SED (1988); M. RICHTER: Die Ost-CDU 1948–1952 (21991); H. WENTKER: Ost-CDU und Protestantismus 1949–1958, in: Kirchliche Zeitgeschichte 6 (1993); S. SUCKUT: Die DDR-Blockparteien im Lichte neuer Quellen, in: J. WEBER (Hg.): Der SED-Staat (1994); M. AGETHEN: Die CDU in der DDR, in: KONRAD-ADENAUER-STIFTUNG (Hg.): Kleine Geschichte der CDU (1995); G. BUCHSTAB: Widerspruch und widerständiges Verhalten der CDU der SBZ/DDR, in: BUNDESTAG (Hg.): Materialien der Enquête-Kommission Aufarbeitung von Geschichte und Folgen der SED-Diktatur in Deutschland, 7/1 (1995); M. RICHTER/M. RISSMANN (Hg.): Die Ost-CDU (1995); M. RISSMANN: Kaderschulung in der Ost-CDU 1949–1971 (1995); U. SCHMIDT: Von der Blockpartei zur Volkspartei. Die Ost-CDU im Umbruch 1989–1994 (1997); G. BUCHSTAB (Hg.): Verfolgt und entrechtet. Die Ausschaltung Christlicher Demokraten unter sowjetischer Besatzung und SED-Herrschaft 1945–1961 (1998).

aus: Lexikon der Christlichen Demokratie in Deutschland. Paderborn 2002

Europa –
Leitbild und Herausforderung christlich-demokratischer Politik

Kaum ein anderer geschichtlicher Prozeß weist eine vergleichbare Folge von miteinander verbundenen, auf einer Linie weiterführenden Stationen auf wie die europäische Integration: von der Gründung des Europarates 1949 über die Römischen Verträge 1957 bis zum Vertrag über die Europäische Union in Maastricht 1991 und zu den Amsterdamer Gipfelbeschlüssen von 1997, vom Europa der Sechs zur Europäischen Union mit 25 Mitgliedern und mit direkt gewähltem Parlament. Nicht zufällig ist das europäische Einigungswerk mit einem Zug verglichen worden, dem zwar Steigungen und Umwege, unplanmäßige Streckenaufenthalte und Verspätungen nicht erspart blieben, aber der dennoch beharrlich mit Blick auf sein Bestimmungsziel, die Politische Union Europas, Spur hielt. Das geschah ohne vorgegebenen Fahrplan, ohne einen Automatismus der Weichenstellung, wohl aber der „Idee Europa" folgend, dem inneren Kompaß, dessen

Kardinalpunkte das Bewußtsein zivilisatorischer Gemeinsamkeit, das Bedürfnis dauerhafter Sicherheit in einer Friedensordnung, die Konkurrenzfähigkeit als einheitlicher wirtschaftlicher Großraum und der Anspruch weltpolitischer Ebenbürtigkeit bildeten. Die Verwirklichung dieser „Idee Europa", die faktische Geschichte der europäischen Einigung, war freilich immer eine Frage der Politik, abhängig von bestehenden politischen Kräfteverhältnissen wie vom Willen der verantwortlichen Akteure.

Die Parteien der Christlichen Demokratie, die nach dem Ende des Zweiten Weltkrieges entstanden, zogen am radikalsten die politische Konsequenz aus der Selbstzerfleischung Europas und aus seiner Verstümmelung im Abwehrkampf gegen den nationalsozialistischen und stalinistischen Totalitarismus. Nach dem treffenden Wort von Leo Tindemans, dem ehemaligen belgischen Ministerpräsidenten und ersten Präsidenten der Europäischen Volkspartei (EVP), besaßen die Christdemokraten nach der Katastrophe des Weltkrieges „den Mut, den Lauf der Geschichte in andere Bahnen zu lenken". Ihren Neuordnungsideen lag eine Neubesinnung auf die gemeinsamen Werte der europäischen Geschichte, auf die Bindung der europäischen Staaten an das Recht, an die unverlierbare Würde der menschlichen Person und die christliche Kultur zugrunde. Sie erstrebten eine neue Solidarität der Nationen, ein den Nationalismus überwindender Universalismus, eine neue Gemeinsamkeit zur Überwindung der Probleme eines europäischen Wiederaufbaus.

Daß die Christliche Demokratie nach 1945 zur tragenden und treibenden Kraft der europäischen Einigungspolitik wurde, hing eng mit ihrem Aufstieg in der besonderen Nachkriegssituation zusammen. Die Friedenssehnsucht vieler Menschen, die sich mit einer Hinwendung zur christlichen Botschaft verband, schloß die Ablehnung des Nationalismus und die Hoffnung auf eine Erneuerung staatlichen Zusammenlebens im Geiste des Christentums ein. Die erfolgreichen christlich-demokratischen Parteigründungen förderten, vor allem in den Ländern mit einem starken Katholizismus, das Bewußtsein historischer und geistiger Gemeinsamkeit im „abendländischen" Kulturkreis. Auf dieser weltanschaulichen Grundlage wurde die Einigung Europas schon bald nach Kriegsende als politische Aufgabe erkannt und in Angriff genommen. Bereits die Programmatik des politischen Neuanfangs enthielt die wesentlichsten Bausteine einer neuen Europaordnung: das Leitbild des „christlichen Abendlandes", die Negation des nationalen Machtstaates, das föderalistische Prinzip, den Willen zur Zusammenarbeit mit anderen Völkern im Geiste des Friedens, der Freiheit und Gerechtigkeit sowie die Schutzfunktion angesichts der kommunistischen Gefahr. Von Anfang an wurde ein vereinigtes Europa als Gemeinschaft der Freiheit und des Friedens verstanden, und Friede war für die christlich-demokratische Politik nicht nur Schutz oder Wiederherstellung eines gestörten Ordnung, sondern Entwicklung einer neuen Ordnung zwischen den Staaten und Völkern. In diesem Geiste begann nach dem Zweiten Weltkrieg, in Abwehr der kommunistischen Gefahr und der Bedrohung durch die stalinistische Sowjetunion, die politische Integration Europas.

Die (west-)europäische Integration hat die europäische Politik nach dem Zweiten Weltkrieg gegenüber der Zwischenkriegszeit fundamental transformiert. Sie schuf einen institutionellen Rahmen, in dem der friedliche Ausgleich nationaler Interessen zuerst möglich und später selbstverständlich wurde. Durch Marktintegration – zu-nächst im Montansektor und sodann durch horizontale Wirtschaftsintegration – verbesserte sie die ökonomischen Entwicklungschancen (West-)Europas. Außerdem haben die Integrationsfortschritte die heutige EU allmählich auch als Akteur in der internationalen Politik etabliert, zunächst in Handelsfragen in der Welthandelsorganisation GATT/WTO und in der Entwicklungshilfe, aber zunehmend auch in Fragen der Verteidigung und Friedenssicherung und internationalen Streitfragen beispielsweise der Umweltpolitik. Außerdem ist die europäische Integration zunehmend in einen Prozeß der europäischen Vergesellschaftung übergegangen, indem transnationale Netzwerke zwischen Unternehmen, wirtschaftlichen Interessenverbänden und anderen Nichtregierungsorganisationen immer enger werden. Die EU nimmt insofern nicht nur institutionell-verfassungsrechtlich, sondern auch in ihrer gesellschaftlichen Struktur immer stärker bundesstaatliche Züge an.

Pläne für eine europäische Kooperations- und Integrationspolitik gab es bereits in der Zwischenkriegszeit. Sie wurden etwa von der Paneuropa-Union propagiert. In einer Zeit fortgesetzter nationaler Konflikte und wirtschaftlicher Depression nach 1929 erwiesen sich diese Konzepte jedoch als aussichtslos. Sie wurden sodann in den Plänen des europäischen Widerstands und einzelner Exilgruppen während des Zweiten Weltkriegs neu belebt. Diese Pläne führten jedoch nicht direkt zu der praktischen Integrationspolitik nach 1945. Neben dem Ziel des europäischen Widerstands, Integration als Friedenspolitik zu betreiben, spielten nationale wirtschaftliche und politische Interessen eine wichtige Rolle. Hierzu zählte etwa für Frankreich das Ziel, die junge Bundesrepublik Deutschland institutionell einzubinden, um auf diese Weise neue revisionistische Großmachtambitionen zu verhindern. Für die Regierung Adenauer war die Zustimmung zur Integration wichtig, um die volle Souveränität der Bundesrepublik möglichst rasch zu erlangen und den eigenen außenpolitischen Spielraum zu erhöhen.

Eine engere wirtschaftliche Kooperation in Westeuropa wurde zunächst durch den Marshall-Plan der USA 1947 angestoßen, der zur Gründung der Organisation für europäische wirtschaftliche Zusammenarbeit (OEEC, 1948) führte. Diese blieb allerdings auf die Verteilung der Finanzmittel des Marshall-Plans und den Abbau von mengenmäßigen Beschränkungen im europäischen Handel beschränkt. Nicht zuletzt aufgrund der ablehnenden Haltung Großbritanniens führte die OEEC jedoch genauso wenig wie der Europarat (1949) zur Marktintegration oder gar einer weiterführenden politischen Integration Die europäische Integration wurde daher in der Folgezeit durch die sechs Gründungsstaaten (Belgien, Bundesrepublik Deutschland, Frankreich, Italien, Luxemburg, Niederlande) der EGKS (1951/52) und der EWG (1957/58) mit ihren Organen Ministerrat, Kommission, Parlament und Europäischer Gerichtshof vorangetrieben.

Die EWG, die 1967 mit der EGKS und der ebenfalls 1957/58 gegründeten Europäischen Atomgemeinschaft (Euratom) zur EG verschmolzen wurde, entwickelte sich rasch zum wirtschaftlichen und politischen Gravitationszentrum in Westeuropa und seit 1990 im gesamten Europa. Ihre wirtschaftliche und politische Fortentwicklung erfolgte u. a. durch die Einführung des Europäischen Rates (1975) und der Direktwahl des Europäischen Parlament (1979), durch das Programm zur Schaffung eines europäischen Binnenmarktes, den Vertrag von Maastricht (1992) und die Einführung des Euro als einheitlicher europäischer Währung (1999). In mehreren Erweiterungsschritten (1973, 1981, 1986, 1995) wuchs die Zahl der Mitgliedstaaten von sechs auf 15 (2000). Durch die Integration weiterer Staaten, vor allem aus Mittel- und Osteuropa, wird die Zahl der Mitgliedstaaten in den nächsten 20 Jahren voraussichtlich auf 25 bis 30 anwachsen.

Westdeutsche und europäische christliche Demokraten spielten vor allem in den ersten 20 Jahren nach dem Zweiten Weltkrieg eine zentrale Rolle bei der Etablierung des stärker integrierten „Kerneuropa" der EGKS und EWG. In allen sechs Gründungsstaaten nahmen sie eine maßgebliche und vor allem in der Bundesrepublik und Italien eine eindeutig dominante parteipolitische Stellung ein. Viele christliche Demokraten, allen voran Adenauer, Robert Schuman und der italienische Ministerpräsident Alcide de Gasperi übten einen sehr starken Einfluß auf die westeuropäische Politik aus. Neben vielfach weitgehend parteiübergreifenden Interessen wie demjenigen Frankreichs an einer Kontrolle der Bundesrepublik Deutschland, die zur Bildung des „Kerneuropa" ohne die Teilnahme vor allem Großbritanniens und der skandinavischen Staaten beitrugen, entsprach diese Entwicklung auch der Doktrin der christliche Demokraten und ihren parteipolitischen Interessen.

Die Zusammenarbeit christlich-demokratischer Parteien und Politiker hatte schon unmittelbar nach dem zweiten Weltkrieg begonnen. Als erste Dachorganisation wurden 1947 die Nouvelles Équipes Internationales (NEI) gegründet, aus denen 1965 die Europäische Union Christlicher Demokraten (EUCD) hervorging. Die EUCD sollte sich bemühen, in ihre Arbeit die europäischen Institutionen einzubeziehen. Diese Aufgabe wurde vor allem getragen durch die Fraktion der Christlichen Demokraten im Europaparlament. Die dynamische Entwicklung der europäischen Integration und vor allem der bevorstehende Wahlkampf zu den ersten Direktwahlen 1979 führten zwangsläufig zur Überlegung, eine schlagkräftige Parteiorganisation zu schaffen. 1976 wurde die Europäische Volkspartei (EVP) gegründet, in die nach den Erweiterungsschritten der Europäischen Union auch konservative und liberale Kräfte integriert wurden.

Christliche Demokraten teilten den Mythos eines karolingischen, „integrierten" vor-reformatorischen Europa und eine gleichermaßen gegen Liberale wie Sozialisten gerichtete geschichtsphilosophische Interpretation der Wurzeln des Horrors des 20. Jahrhunderts. Diese Vorstellung bestimmte auch ihren Standpunkt im ideologischen Konflikt um die Zukunft Europas und die geographische Reichweite und inhaltliche Ausformung des Integrationsprozesses. Das über die Bundesrepublik hinaus verbreitete Leitmotiv eines christlichen Abendlandes, das lateinisch bestimmt war und das protestantische Europa einschließlich Preußens zunächst ausschloß, erleichterte es den christlich-demokratischen Parteien, die Teilung Deutschlands und Europas hinzunehmen und sich zunächst auf ein Integrationsprogramm für das westliche Kontinentaleuropa zu konzentrieren. Hinzu kam der ausgeprägte Antikommunismus der christlichen Demokraten, der sie auch in Krisen an dem Konzept eines stärker integrierten „Kerneuropa" festhalten ließ.

Schließlich war es für die christlich-demokratischen Parteien in der EGKS und EWG leichter, sich grenzüberschreitend als die Europaparteien programmatisch zu profilieren und gegenüber anderen, hier weniger stark vertretenen ideologischen Richtungen in gewissem Maße abzugrenzen, und zwar insbes. gegenüber den Sozialisten, die zunächst auf eine engere Zusammenarbeit mit dem bis 1951 von der Labour-Partei regierten Großbritannien und den sozialdemokratisch dominierten skandinavischen Staaten setzten.

Christlich-demokratische Parteien im Rahmen der 1976 gegründeten Europäischen Volkspartei und einzelne christlich-demokratische Politiker, wie vor allem Helmut Kohl, haben auch seit den 60er Jahren und der ersten EG-Erweiterung 1973 die europäische Integration wesentlich bestimmt. Allerdings haben sie in den Kernländern der heutigen EU relativ an Einfluß verloren. Durch die Erweiterungen sind außerdem Staaten mit anderen politischen Traditionen und parteipolitischen Konstellationen in die EU gelangt. Dort arbeiten die christlich-demokratischen Parteien der sechs EGKS/EWG-Gründungsstaaten am Beginn des 21. Jahrhunderts mit einigen konservativen Parteien aus Spanien und Skandinavien zusammen, die nicht unbedingt das ursprüngliche „Kerneuropa"-Konzept unterstützen. Insofern hat sich nicht nur der christlich-demokratische Einfluß auf die europäische Politik in der erweiterten EU im Vergleich zur ursprünglichen EGKS/EWG insgesamt verringert.

Für die EVP und ihre Mitgliedsparteien konnte es aber keine vernünftige Alternative zu einer Öffnung gegenüber anderen Traditionen geben. Die Alternative wäre das Absinken in die Bedeutungslosigkeit gewesen. Die Erweiterung der EVP hat sie allerdings nicht daran gehindert, ihren Wurzeln treu und ihrer Verpflichtung als Erbe der Gründungsväter der europäischen Integration gerecht zu werden. Die EVP ist allerdings keine Organisation nach dem Vorbild nationaler Parteien. Sie respektiert als föderative

Partei vielmehr die gewachsenen und bewährten Strukturen ihrer Mitgliedsparteien, auf denen sie gründet. In der Partei nimmt die EVP-Fraktion (Vorsitzender seit 1999: Hans-Gert Pöttering) eine herausragende Rolle ein. Schon früh und großzügiger als die nationalen Parteien hat sie die Mittel zur Verfügung gestellt, um den organisatorischen Zusammenschluß zu ermöglichen und zu intensivieren. ∎

Lit.: W. LOTH: Der Weg nach Europa (1991); M.-T. BITSCH: Histoire de la construction européenne de 1945 à nos jours (1996); T. JANSEN: Die Entstehung einer Europäischen Volkspartei. Vorgeschichte, Gründung und Entwicklung der EVP (1996); A. MORAVCSIK: The Choice for Europe. Social Purpose & State Power from Messina to Maastricht (1998); M. GEHLER u. a. (Hg.): Christdemokratie in Europa im 20. Jahr-hundert (2001); M. GEHLER/W. KAISER: Transnationalism and Early European Integration. The NEI and the Geneva Circle 1947–1957, in: The Historical Journal 44 (2001); T. KSELMAN/J. A. BUTTIGIEG (Ed.): European Christian Democracy. Historical Legacies and Comparative Perspectives. Notre Dame 2003; G. BUCHSTAB/R. UERTZ (Hg.): Christliche Demokratie im zusammenwachsenden Europa. Entwicklungen, Program-matik, Perspektiven. Freiburg im Breisgau 2004.

nach: Hans-Otto Kleinmann in: Günter Buchstab (Hg.): Brücke in eine neue Zeit. 60 Jahre CDU. Freiburg 2005 sowie Lexikon der Christlichen Demokratie in Deutschland. Paderborn 2002.

Vorsitzende und Generalsekretäre der CDU

Parteivorsitzende

1950–1966	Konrad Adenauer
1966–1967	Ludwig Erhard
1967–1971	Kurt Georg Kiesinger
1971–1973	Rainer Barzel
1973–1998	Helmut Kohl
1998–2000	Wolfgang Schäuble
seit 2000	Angela Merkel

Generalsekretäre

1967–1971	Bruno Heck
1971–1973	Konrad Kraske
1973–1977	Kurt Biedenkopf

Vorsitzende und Generalsekretäre der CDU

1977–1989	Heiner Geißler
1989–1992	Volker Rühe
1992–1998	Peter Hintze
1998–2000	Angela Merkel
April–Nov. 2000	Ruprecht Polenz
2000–2004	Laurenz Meyer
seit 2005	Volker Kauder

CDU/CSU-Fraktion im Deutschen Bundestag

Vorsitzende

1949	Konrad Adenauer
1949–1955	Heinrich von Brentano
1955–1961	Heinrich Krone
1961–1964	Heinrich von Brentano
1964–1973	Rainer Barzel
1973–1976	Karl Carstens
1976–1982	Helmut Kohl
1982–1991	Alfred Dregger
1991–2000	Wolfgang Schäuble
2000–2002	Friedrich Merz
seit 2002	Angela Merkel

■

Vorsitzende und Generalsekretäre der NEI, EUCD und EVP

Nouvelles Equipes Nationales (NEI)

Europäische Union Christlicher Demokraten (EUCD)

Präsidenten

1947–1949	Robert Bichet (Frankreich)
1950–1959	Auguste Edmond De Schrijver (Belgien)
1960–1965	Theo Lefèvre (Belgien)
1965–1973	Mariano Rumor (Italien)
1973–1981	Kai-Uwe von Hassel (Deutschland)
1981–1983	Diogo Freitas do Amaral (Portugal)
1983–1985	Giulio Andreotti (Italien)
1985–1992	Emilio Colombo (Italien)
1993–1996	Wilfried Martens (Belgien)

Vorsitzende und Generalsekretäre der NEI, EUCD und EVP

1996–1999 Wim van Velzen (Niederlande)

Generalsekretäre

1947–1949	Jules Soyeur (Belgien)
1950–1955	Robert Bichet (Frankreich)
1955–1960	Alfred Coste-Floret (Frankreich)
1960–1965	Jean Seitlinger (Frankreich)
1965–1974	Leo Tindemans (Belgien)
1974–1978	Arnaldo Forlani (Italien)
1978–1983	Giuseppe Petrelli (Italien)
1983–1994	Thomas Jansen (Deutschland)
1994–1999	Klaus Welle (Deutschland)

Europäische Volkspartei (EVP)

Präsidenten

1976–1985	Leo Tindemans (Belgien)
1985–1987	Piet Bukman (Niederlande)
1987–1990	Jacques Santer (Luxemburg)
seit 1990	Wilfried Martens (Belgien)

Generalsekretäre

1976–1983	Jean Seitlinger (Frankreich)
1983–1994	Thomas Jansen (Deutschland)
1994–1999	Klaus Welle (Deutschland)
1999–2002	Alejandro Agag Longo (Spanien)
seit 2002	Antonio Lopez Isturiz

■

Kölner Leitsätze

Kölner Leitsätze

Vorläufiger Entwurf zu einem Programm der Christlichen Demokraten Deutschlands.

Vorgelegt von den Christlichen Demokraten Kölns im Juni 1945.

Ein Ruf zur Sammlung des deutschen Volkes.

Der Nationalsozialismus hat Deutschland in ein Unglück gestürzt, das in seiner langen Geschichte ohne Beispiel ist.

Er bedeckte den deutschen Namen vor aller Welt mit Schmach und Schande.

Nie wäre dies alles über uns gekommen, wenn nicht weite Kreise unseres Volkes von einem habgierigen Materialismus sich hätten leiten lassen.

So erlagen allzuviel der nationalsozialistischen Demagogie, die jedem Deutschen ein Paradies auf Erden versprach.

Ohne eigenen sittlichen Halt verfielen sie dem Rassenhochmut und einem nationalistischen Machtrausch.

Mit dem Größenwahnsinn des Nationalsozialismus verband sich die ehrgeizige Herrschsucht des Militarismus und der großkapitalistischen Rüstungsmagnaten.

Am Ende stand der Krieg, der uns alle ins Verderben stürzte.

Was uns in dieser Stunde der Not allein noch retten kann, ist eine ehrliche Besinnung auf die christlichen und abendländischen Lebenswerte, die einst das deutsche Volk beherrschten und es groß und angesehen machten unter den Völkern Europas.

Darum fort mit Diktatur und Tyrannei, Herrenmenschentum und Militarismus!

Ein freies Volk soll wiedererstehen, dessen Grundgesetz die Achtung menschlicher Würde ist.

Ein neues Deutschland soll geschaffen werden, das auf Recht und Frieden gegründet ist.

Unsere Jugend soll wieder lernen, das nicht Macht, sondern Geist die Ehre Deutschlands vor der Welt ausmacht.

Darum sollen auch die geistig Schaffenden die Achtung wieder genießen, die ihrem schöpferischen Können gebührt.

Wahrheit, Ehrlichkeit und Treue zum gegebenen Wort soll unser öffentliches Leben leiten.

Lüge, Verstellung und Heuchelei, diese Pest des Hitlerismus, sollen niemals wiederkehren.

Soziale Gerechtigkeit und soziale Liebe sollen eine neue Volksgemeinschaft beschirmen, die die gottgebene Freiheit des einzelnen und die Ansprüche der Gemeinschaft mit den Forderungen des Gemeinwohls zu verbinden weiß.

So vertreten wir einen wahren christlichen Sozialismus, der nichts gemein hat mit falschen kollektivistischen Zielsetzungen, die dem Wesen des Menschen von Grund aus widersprechen.

Unser fester Wille aber ist es, eine soziale Ordnung aufzurichten, die der demokratischen Überlieferung der deutschen Vergangenheit ebenso entspricht wie der Weite und dem Geiste des christlichen Naturrechtes.

Im Glauben an den lebendigen Gott beugen wir uns vor seinen Geboten, den wahren und einzigen Stützen sozialer Ordnung und Gemeinschaft.

Zu Beginn des schweren Werkes gedenken wir der Toten auf den Schlachtfeldern des Krieges und unter den Ruinen unserer Städte und Dörfer.

In Ehrfurcht neigen wir uns vor den Blutzeugen des christlichen Glaubens und der bürgerlichen Freiheit, die dem Nationalsozialismus zum Opfer fielen.

Im Geiste dieser Toten sind wir fest entschlossen, dem deutschen Volke im Rahmen des Reiches mit all unseren Kräften zu dienen.

Darum haben wir

Christliche Demokraten Deutschlands

uns zusammengefunden und folgende Leitsätze für den Wiederaufbau unseres Vaterlandes beschlossen.

1. Die geistige Würde des Menschen wird anerkannt. Der Mensch wird gewertet als selbstverantwortliche Person, nicht als blosser Teil der Gemeinschaft.
2. Die Familie ist die Grundlage der sozialen Lebensordnung. Ihr Lebensraum ist heilig. Von Natur aus hat sie ihre eigenen Rechte, die unter dem besonderen Schutz des Staates stehen.
3. Die Gerechtigkeit ist das Fundament des Staates. Der Rechtsstaat wird wieder hergestellt. Die Gerichtsbarkeit ist unabhängig und frei. Ihr einziger Leitstern ist das Gesetz, vor dem alle gleich sind.
4. Jeder Deutsche hat das Recht, seine Meinung in Wort und Schrift im Rahmen der bestehenden Gesetze frei zu äußern. Die Vereins- und Versammlungsfreiheit wird gewährleistet.

Kölner Leitsätze

5. Alle religiösen Bekenntnisse sind frei in ihrer öffentlichen Bestätigung.
6. Das natürliche Recht der Eltern auf die Erziehung ihrer Kinder ist die Grundlage der Schule. Diese gewährleistet die Bekenntnisschule für alle vom Staate anerkannten Religionsgemeinschaften wie auch die christliche Gemeinschaftschule mit konfessionellem Religionsunterricht als ordentlichem Lehrfach.
7. Das kulturelle Schaffen muß frei vom staatlichen Zwang sein. Seine Grundlage ist die deutsche christliche und abendländische Überlieferung. Jede Art von Rassenkult wird ausgeschaltet.
8. Der Zentralismus wird als undeutsch abgelehnt. Deutschland gliedert sich in selbstständige freie Länder. Ihr Zusammenschluss erfolgt in der Form des freien republikanischen Bundes.
9. Die überlieferte deutsche Selbstverwaltung der Gemeinden und provinzialen Verbände wird wieder hergestellt. Die Staatsverwaltung ist zu vereinfachen.
10. Das Recht auf Eigentum wird gewährleistet. Die Eigentumsverhältnisse werden nach dem Grundsatz der sozialen Gerechtigkeit und den Erfordernissen des Gemeinwohles geordnet. Durch gerechten Güterausgleich und soziale Lohngestaltung soll es dem Nichtbesitzenden ermöglicht werden, zu Eigentum zu kommen. Das Gemeineigentum darf soweit erweitert werden, wie das Allgemeinwohl es erfordert. Post und Eisenbahn, Kohlenbergbau und Energieerzeugung sind grundsätzlich Angelegenheiten des öffentlichen Dienstes. Das Bank- und Versicherungswesen unterliegt der staatlichen Kontrolle.
11. Das Ziel der Wirtschaft ist die Bedarfsdeckung des Volkes auf der Grundlage einer freien körperlichen Selbstverwaltung. Die Vorherrschaft des Großkapitals, der privaten Monopole und Konzerne wird gebrochen. Privatinitiative und Eigenverantwortlichkeit werden erhalten. Mittel- und Kleinbetriebe werden gefördert und vermehrt.
12. Die menschliche Arbeit wird gewertet als sittliche Leistung nicht aber als blosse Ware. Im Zuge einer großangelegten Arbeitsbeschaffung ist die Beteiligung aller Arbeitswilligen am Aufbau des deutschen Lebensraumes zu ermöglichen. Die Lohn- und Arbeitsbedingungen werden tariflich geregelt. Der erwachsene arbeitende Mensch hat Anspruch auf einen Lohn, der ihm die Gründung und Erhaltung einer Familie ermöglicht. Die Leistungen der Sozialversicherung bleiben erhalten. Der Aufbau der Gewerkschaften und der sonstigen Berufsvertretungen ist zu sichern.
13. Ein kräftiger Bauernstand ist das Fundament eines gesunden Volkslebens. Durch planmäßige Pflege aller Zweige der Landwirtschaft ist die Erzeugung zu heben und die Ernährung unseres Volkes zu sichern. Durch eine großzügige Innensiedlung ist die Zahl der selbstständigen Bauernhöfe und landwirtschaftlichen Kleinbetriebe zu vermehren.

 257 2000 845

Kölner Leitsätze

14. Das Handwerk ist ein selbstständiger und gleichberechtigter Berufsstand neben Industrie, Landwirtschaft und Handel. Das handwerkliche Genossenschaftswesen wird gefördert. Die handwerkliche Selbstverwaltung bleibt erhalten.
15. Die nach der Katastrophe des Hitlerregimes in besonderem Ausmaß wachsenden Lasten sind nach sozialen Gesichtspunkten gerecht zu verteilen. Die Kriegsschäden sind als gemeinsame Last auf das ganze Volk umzulegen. Ihre Regulierung darf nur nach Maßgabe des Vermögens und des Einkommens des einzelnen erfolgen. Die für den Krieg und seine Verlängerung Verantwortlichen sind von der Entschädigung auszuschließen. Die Gewinne der nationalsozialistischer Konjunkturzeit und die Kriegsgewinne sind durch besondere Steuer zu erfassen.
16. Die zerstörten Städte und Dörfer werden wieder aufgebaut. Der vorhandene Wohnraum wird bewirtschaftet. Durch ein großzügiges Bauprogramm wird neuer Wohnraum geschaffen. Die Großstädte werden durch Anlage gesunder Außensiedlungen aufgelockert. Das Eigenheim wird gefördert. Unzulängliche Behelfsheime sind zu vermeiden.
17. Alle Formen des öffentlichen Gemeinschaftslebens kommen aus der Demokratie. Ein Mißbrauch der Demokratie, vor allem zu nichtdemokratischen Zwecken, wird nicht geduldet. Der Staat schützt sich und seine Einrichtungen mit allen ihm zur Verfügung stehenden Mitteln.
18. Das Parlament ist auf Grund des allgemeinen, gleichen, geheimen und direkten Wahlrechts zu wählen.
19. Das öffentliche Leben und die gesamte Wirtschaft sind von unzuverlässigen Elementen zu säubern. Ein zuverlässiges und staatstreues Berufsbeamtentum wird wiederhergestellt.
20. Die Grundlage der deutschen Außenpolitik ist die Achtung fremden Volkstums und die treue Innehaltung der Verträge. Es muß Gemeingut des ganzen Volkes werden, daß die Politik der Gewalt und des Krieges nicht nur eine Versündigung am eigenen Vaterland, sondern auch ein Verbrechen an der Menschheit ist. Deutschland muß führend sein in der Verwirklichung der Sehnsucht der Völker nach einem ewigen Frieden.

Deutsche Männer und Frauen!

Das sind die Leitsätze der

Christlichen Demokraten Deutschlands!

Sammelt euch um sie!

Helft mit ein neues und schöneres Deutschland aufzubauen auf dem unerschütterlichen Fundament des Christentums und der abendländischen Kultur.

Köln, im Juni 1945.

Gründungsaufruf Berlin

Deutsches Volk!

In der schwersten Katastrophe, die je über ein Land gekommen ist, ruft die Partei

Christlich-Demokratische Union Deutschlands

aus heißer Liebe zum deutschen Volk die **christlichen, demokratischen und sozialen Kräfte zur Sammlung,** zur Mitarbeit und zum Aufbau einer neuen Heimat. Aus dem Chaos von Schuld und Schande, in das uns die Vergottung eines verbrecherischen Abenteurers gestürzt hat, kann eine Ordnung in demokratischer Freiheit nur erstehen, wenn wir uns auf die kulturgestaltenden sittlichen und geistigen Kräfte des Christentums besinnen und diese Kraftquelle unserem Volke immer mehr erschließen.

Unsagbar schwer ist unsere Aufgabe. Nach 1918 rettete die politische Führung Organe des staatlichen, kulturellen und wirtschaftlichen Lebens aus dem militärischen Zusammenbruch. Unzerstörte Städte und Dörfer, Fabriken, Werkstätten, Felder und Wälder blieben als Grundlage für einen allmählichen Aufstieg des Volkes erhalten.

Heute aber stehen wir vor einer furchtbaren Erbschaft, vor einem

Trümmerhaufen sittlicher und materieller Werte.

Dieses Mal trieb ein gewissenloser Diktator mit seinem Anhang einen frivol entfesselten Krieg bis zu letztem Ausbluten unseres Volkes. Hitler ließ das Land in Schutt und Verödung zurück. Mit verlogenen nationalen Phrasen und hohlen Friedensbeteuerungen hat er das eigene Volk und andere Völker getäuscht und den Idealismus unserer Jugend schändlich mißbraucht. So mußte diese Jugend, die im guten Glauben für ihr Vaterland kämpfte, das Opfer einer wahnwitzigen Führung werden. Groß ist die Schuld weiter Kreise unseres Volkes, die sich nur allzu bereitwillig zu Handlangern und Steigbügelhaltern für Hitler erniedrigten. Jede Schuld verlangt Sühne. Mit den Schuldbeladenen leidet auch die große Zahl der Deutschen, die ihren Schild reinhielten. Sie vermochten sich gegen Gewalt und Terror nicht durchzusetzen. **Kämpfer echter demokratischer Gesinnung,** evangelische und katholische Christen, zahllose jüdische Mitbürger, Männer und Frauen aus allen Schichten des Volkes litten und starben unter diesem Terror. Im Geiste ihres Vermächtnisses, geeint durch die gleiche Liebe zu unserem Volke erkennen wir unsere Pflicht, mit diesem Volke den Weg der Sühne

den Weg der Wiedergeburt

zu gehen.

Das furchtbare Ausmaß von Unrecht, das die Hitlerzeit gebracht hat, verpflichtet, die Schuldigen und ihre Helfershelfer unnachsichtig, in strenger Gerechtigkeit, jedoch ohne Rachsucht, zur Rechenschaft zu ziehen. An die Stelle des Zerrbildes einer staatlichen Gemeinschaft in der Hitlerzeit soll jetzt **der wahrhaft demokratische Staat** treten, der auf der Pflicht des Volkes zu Treue, Opfer und Dienst am Gemeinwohl ebenso, ruht wie auf der Achtung vor dem Recht der **Persönlichkeit,** ihrer Ehre, Freiheit und Menschenwürde.

Das Recht muß wieder die Grundlage des ganzen öffentlichen Lebens werden. An Stelle der Lüge: „Recht ist, was dem Volke nutzt", muß die ewige Wahrheit treten: **„Dem Volke nutzt nur, was Recht ist".** Die Unabhängigkeit und der geordnete Gang der Rechtspflege sind wieder herzustellen. Der Ruf nach gerechten Richtern geht wie ein einziger Schrei durch das ganze deutsche Volk. Jede Willkür ist auszuschließen, eine Gestapo mit ihrem Terror darf es nicht wieder geben. Das öffentliche Leben muß in strenger Sparsamkeit, weitgehend auf Selbstverwaltung, freiwilliger und ehrenamtlicher Mitarbeit aufgebaut werden. Die Volksvertretung soll die **brüderliche und vertrauensvolle Zusammenarbeit aller die Demokratie bejahenden Parteien** und aller aufbauwilligen Kräfte verwirklichen.

Wir fordern ein öffentliches Leben, das sich **frei hält von Lüge,** Massenwahn und Massenverhetzung und eine verantwortungsbewußte Presse mit dem Willen zur Wahrheit als oberstes Gesetz. Wir verlangen **geistige und religiöse Gewissensfreiheit,** Unabhängigkeit aller kirchlichen Gemeinschaften und eine klare Scheidung der kirchlichen und staatlichen Aufgaben.

Das Recht der Eltern auf die Erziehung der Kinder muß gewahrt werden, die Jugend in Ehrfurcht vor Gott, vor Alter und Erfahrung erzogen werden. Der von der Kirche geleitete Religionsunterricht ist Bestandteil der Erziehung. Durch die verderblichen Lehren des Rassenhasses und der Völkerverhetzung hat Hitler weite Teile der Jugend vergiftet. Sie muß wieder zur Erkenntnis wahrer sittlicher Werte geführt werden. Wissenschaft und Kunst sollen sich frei entfalten und die **Lehren echter Humanität,** deren deutsche Künder der ganzen Menschheit gehören, den sittlichen Wiederaufbau unseres Volkes tragen helfen.

Das unermeßliche Elend in unserem Volke zwingt uns, den Aufbau unseres Wirtschaftslebens, die Sicherung von Arbeit und Nahrung, Kleidung und Wohnung ohne jede Rücksicht auf persönliche Interessen und wirtschaftliche Theorien in straffer Planung durchzuführen. Das

Notprogramm für Brot, Obdach und Arbeit

geht allem voran. Dabei ist es unerläßlich, schon um für alle Zeiten die Staatsgewalt vor illegitimen Einflüssen wirtschaftlicher Machtzusammenballungen zu sichern, daß die **Bodenschätze in Staatsbesitz** übergehen. Der Bergbau und andere monopolartige Schlüsselunternehmungen unseres Wirtschaftslebens müssen klar der Staatsgewalt unterworfen werden.

Wir bejahen das **Privateigentum**, das die Entfaltung der Persönlichkeit sichert, aber an die Verantwortung für die Allgemeinheit gebunden bleibt.

Industrie, Handel und Gewerbe sind zu entscheidender Mitarbeit am Wiederaufbau berufen und deshalb planmäßig zu fördern. Wir fordern vollen Schutz und Ausbaumöglichkeit für das **selbständige Handwerk**, das nach Zerstörung vieler industrieller Unternehmungen vor einer neuen, großen Aufgabe steht.

Eine umfassende **ländliche und gärtnerische Siedlung** muß unter weitgehender Heranziehung des Großgrundbesitzes einer möglichst großen Zahl von Deutschen den Zugang zu eigener Scholle und zu selbständiger Arbeit eröffnen. Die wirtschaftliche Sicherung eines freischaffenden Bauerntums und die Ansiedlung der Landarbeiter sind ein unerläßlicher Bestandteil jeder dauerhaften Aufbaupolitik und verlangen den stärksten Ausbau des ländlichen Genossenschaftswesens.

Den christlichen und demokratischen Lebensgesetzen in Staat und Gesellschaft entspricht der freie Zusammenschluß aller Schaffenden. **Wir begrüßen daher die einheitliche Gewerkschaftsbewegung der Arbeiter und Angestellten** zur Wahrung ihrer wirtschaftlichen und sozialen Rechte. Wir erkennen die Kraft an, die von der Arbeiterschaft in das Volksganze einströmt.

Wir sind uns der Verantwortung für die Notleidenden und Schwachen, für die Kriegsopfer, die Opfer des Hitlerterrors und für die Versorgungsberechtigten bewußt.

Eine charitative Arbeit muß sich ungehindert entfalten können. Wir sagen den **Müttern und berufstätigen Frauen**, daß alles geschehen wird, um das stille Heldentum ihres immer schwerer gewordenen Alltags schnell zu erleichtern. Für

die Beziehungen zu anderen Völkern

wünschen wir die Geltung der gleichen Grundsätze der **Freiheit und Gerechtigkeit** wie für unser persönliches und innerstaatliches Leben. Loyale Erfüllung unserer Verpflichtungen aus dem verlorenen Krieg und die äußerste Anspannung innerer Wiedergesundung sollen die Grundlagen für die Anbahnung einer vertrauensvollen Zusammenarbeit mit den anderen Völkern geben. Wir hoffen dabei auf das Verständnis der Besatzungsmächte für die grenzenlose Notlage des deutschen Volkes und auf ihre sachliche Hilfe, die deutsche Wirtschaft wieder in Gang zu bringen.

Erschüttert stehen wir an den frischen Gräbern unserer Toten. Wir vergessen **unsere Kriegsgefangenen** nicht. Auf den Trümmern unserer Häuser, unserer Dörfer und Städte gedenken wir in menschlicher und christlicher Verbundenheit der gleichen Opfer der Völker um uns. Und wir geloben, alles bis zum letzten auszutilgen, was dieses ungeheure Blutopfer und dieses namenlose Elend verschuldet hat, und nichts zu unterlassen, was die Menschheit künftig vor einer solchen Katastrophe bewahrt.

Deutsche Männer und Frauen!

Wir rufen euch auf, alles Trennende zurücktreten zu lassen. Folgt unserem

Ruf zu einer großen Partei

die mit den anderen Parteien der neuen Demokratie gemeinsam am Aufbau Deutschlands arbeiten will.

Wir rufen die Jugend, die durch den Krieg und Zusammenbruch schwer getroffen, vor allem zur Gestaltung der Zukunft mitverpflichtet ist.

Wir rufen die Frauen und Mütter, deren leidgeprüfte Kraft für die Rettung unseres Volkes nicht entbehrt werden kann.

Wir rufen alle, die sich zu uns und unserem Aufbauwillen bekennen. Voll Gottvertrauen wollen wir unseren Kindern und Enkeln eine glückliche Zukunft erschließen.

Berlin, den 26. Juni 1945.

Andreas Hermes

Heinrich F. Albert	Wilhelm Happ	Elfriede Nebgen
Hans von Arnim	Peter Hensen	Otto Nuschke
Eduard Bernoth	Artur Herzog	Rudolf Pechel
Theodor Bohner	Ernst Hülse	Eberhard Plewe
Emil Dovifat	Paulus van Husen	Ferdinand Sauerbruch
Margarete Ehlert	Jakob Kaiser	Walter Schreiber
Josef Ersing	Heinrich Krone	Martin Schwab
Johann Eudenbach	Ernst Lemmer	Hildegard Staehle
Ferdinand Friedensburg	Otto Lenz	Theodor Steltzer
Willy Fuchs	Hans Lukaschek	Heinrich Vockel
Otto-Heinrich von der Gablentz	Reinhard Moeller	Graf York von Wartenburg
	Katharina Müller	

Sitz der Reichsgeschäftsstelle der „Christlich-Demokratischen Union Deutschlands": Berlin W 8, Jägerstr. 59-60.

Nächste Geschäfts- und Meldestelle:

Zeittafel

1945

17.6.	Programmberatungen in Berlin auf Initiative von Andreas Hermes. Erste Beratungen ehemaliger Zentrumsmitglieder und Christlicher Gewerkschafter in Köln über die Gründung einer christlich-demokratischen Partei.
23.6.–1.7.	Programmberatungen im Kloster Walberberg unter Vorsitz von Leo Schwering, Verabschiedung des Programmentwurfs „Kölner Leitsätze".
26.6.	Gründungsaufruf der CDU in Berlin.
22.7.	Gründungsversammlung der CDU in Berlin. 1. Vorsitzender: Andreas Hermes.
10.8.	Der Münchner Oberbürgermeister Karl Scharnagl wirbt für die Gründung einer Partei auf christlicher Grundlage.
13.8.	In Wattenscheid sprechen sich die Vertreter von westfälischen Gründungskreisen für die Konstituierung einer Christlich-Demokratischen Partei aus.

Zeittafel

14.8.	Gründungsversammlung der Christlich-Demokratischen Partei in Karlsruhe auf Initiative von Fridolin Heurich, Wilhelm Baur und Robert Beck.
19.8.	Gründung der CDP für Köln-Stadt und -Land.
20.8.	Auf einer Konferenz in Düsseldorf beschließen Vertreter rheinischer Gründungskreise die Gründung der rheinischen CDP mit Sitz in Köln.
21.8.	Adam Stegerwald versammelt führende Personen aus dem Würzburger Raum zu einer Besprechung über die Gründung einer überkonfessionellen Partei.
2.9.	Gründung der CDP Westfalen in Bochum (Vorsitzender: Lambert Lensing), ab März 1946 Johannes Gronowski.
	Gründung der CDP Rheinland in Köln (geschäftsführender Vorsitzender: Leo Schwering).
12.9.	Auf einem Treffen im Münchner Rathaus wird der Name Bayerische Christlich-Soziale Union beschlossen und ein Ausschuß zur Vorbereitung der Parteigründung eingesetzt.
15.9.	Gründung der Christlich-Demokratischen Partei in Frankfurt, Vorlage des Programmentwurfs „Frankfurter Leitsätze", 1. Vorsitzender: Jacob Husch.
	Gründung der ersten CDP-Kreispartei in Schleswig-Holstein durch Paul Pagel in Bad Segeberg.
16.9.	Das Treffen von CDP- und Zentrumsanhängern in Rinkerode bei Münster führt nicht zu einer Vereinigung.
18.9.	Gründung der Christlich-Sozialen Aufbaupartei in Ostholstein durch den Kreis um Hans Schlange-Schöningen.
20.9.	Gründung der CDP in Trier durch Heinrich Kemper, Alois Zimmer, August Wolters und Mathilde Gantenberg.
22.9.	In Lohne fällt die Entscheidung zur Gründung einer christlich-demokratischen Partei im Land Oldenburg auf einer von Hermann Siemer initiierten Konferenz.
25.9.	Gründung der Christlich-Sozialen Volkspartei in Stuttgart; ab Oktober beginnt der Aufbau des Landesverbandes Nordwürttemberg.
1.10.	Konstituierung der Christlich-Demokratischen Partei in Hamburg (im Juni 1946 Verbreiterung der Parteibasis durch Übertritte parteiloser Abgeordneter der Hamburger Bürgerschaft – darunter Bürgermeister Rudolf Petersen und Gerd Bucerius; Ende September 1946 Übertritt namhafter Mitglieder des Vaterstädtischen Bundes), Verabschiedung der 15 „Hamburger Leitsätze" als Programmentwurf.

	Vorsitzender wird – nach Johannes Speckbötel (Nov. 1945) und Otto Wendt (Nov. 1945 bis Jan. 1946) – im Frühjahr 1946 Max Ketels.
8.10.	Lizenzierung der „Deutschen Aufbaubewegung" von Maria Sevenich für den Stadt- und Landkreis Darmstadt.
9.10.	Gründung der CDP in Mannheim. 1. Vorsitzender: August Kuhn.
11.10.	Formelle Gründung der CSU in München als erster Parteigliederung; am 5.12.1945 wird der Lizenzierungsantrag genehmigt.
13.10.	Gründung der CSU in Stadt- und Landkreis Würzburg durch Adam Stegerwald.
	Antrag auf Zulassung der CDP in Rendsburg wird bei der britischen Militärverwaltung gestellt.
14.10.	Wiedergründung der Deutschen Zentrumspartei in Soest. 1. Vorsitzender: Wilhelm Hamacher.
25.10.	CDP-Gründung im Stadt- und Landkreis Goslar auf Initiative von Heinrich Rönneburg und Clemens Recker.
8.11.	Gründung der Christlich-Sozialen Union in Heidelberg. 1. Vorsitzender: Franz C. Heidelberg. Nachfolger wird zum Jahresende Hermann Hampe.
	Gründung der CDP-Kreispartei in Lübeck.
17.11.	Gründung der CDP in Pinneberg. 1. Vorsitzender: Rudolph Günther.
18.11.	Gründung des CDU-Landesverbandes Hannover. 1. Vorsitzender: Bernhard Pfad.
19.11.	Verabschiedung der „Satzung der Christlich-Demokratischen Partei Deutschlands, Landesverband Rheinland".
	Gründung der ersten CDP-Kreispartei im Oldenburger Land in Vechta. 1. Vorsitzender: Hermann Siemer.
25.11.	Konstituierung des CDU-Landesverbandes in Hessen. 1. Vorsitzender: Werner Hilpert.
5.12.	CDP-Gründung in Rendsburg. 1. Vorsitzender: Adolf Steckel, Stellvertreter: Detlef Struve.
7.12.	Gründung des CDU-Landesverbandes Braunschweig. Vorsitzender wird – nach kurzer Amtsführung von Heinrich Rönneburg und Clemens Recker – Georg Strickrodt.
14.–16.12.	„Reichstreffen" in Bad Godesberg zur Koordinierung der christlich-demokratischen Bestrebungen; Einigung auf den gemein-

	samen Namen Christlich-Demokratische Union Deutschlands; Einrichtung des Zonenverbindungsausschusses.
19.12.	Auf Druck der SMAD werden der Berliner CDU-Vorsitzende Hermes und sein Stellvertreter Walther Schreiber wegen Kritik an der Bodenreform abgesetzt.
20.12.	Formelle Konstituierung der Christlich-Sozialen Volkspartei Südbadens (BCSV) in Freiburg. 1. Vorsitzender: Leo Wohleb.
31.12.	Zehn-Punkte-Erklärung der CSU.

1946

4.1.	Gründung der Landespartei Demokratische Union für das Land Schleswig-Holstein in Rendsburg. 1. Vorsitzender: Carl Schröter.
	Jakob Kaiser und Ernst Lemmer übernehmen die „Reichsleitung" der CDU Berlin.
6.1.	Gründung der CDP Württemberg-Hohenzollern in Aulendorf; Umbenennung in CDU. 1. Vorsitzender: Franz Weiß.
8.1.	Im Münchner Rathaus findet die Gründungsversammlung der CSU auf Landesebene statt; es werden eine provisorische Parteisatzung erlassen und Arbeitsausschüsse eingesetzt.
10.1.	Gründung der Christlichen Volkspartei im Saarland. 1. Vorsitzender: Johannes Hoffmann.
13.1.	1. Landestagung der Christlich-Sozialen Volkspartei Nordwürttemberg in Stuttgart; Umbenennung in CDU. 1. Vorsitzender: Josef Andre.
16.1.	Genehmigung der CDP-Gründungen in den Bezirken Koblenz, Trier und Montabaur durch den französischen Militärgouverneur.
22.1.	Erstes Treffen des Zonenausschusses der britischen Zone– Gremium von Delegierten der acht Landesverbände – in Herford; Wahl Konrad Adenauers zum vorläufigen Vorsitzenden.
30.1.	Gustav Wolff, Johannes Finck u. a. stellen den Zulassungsantrag für die Christlich-Demokratische Union Pfalz.
31.1.	Trier und die CDP-Bezirksverbände Montabaur und Koblenz schließen sich zur Provinzialpartei Rheinland-Hessen-Nassau zusammen.
5.2.	Das Gespräch zwischen Adenauer und Carl Spiecker in Köln über einen Zusammenschluß von Zentrumspartei und CDU bleibt ergebnislos.

Zeittafel

	Der Parteitag der CDU-Rheinland wählt Konrad Adenauer zum Landesvorsitzenden.
9./10.2.	Der Landesverband Nordbaden konstituiert sich auf dem Parteitag in Heidelberg; Umbenennung in Christlich-Demokratische Union. 1. Vorsitzender: Fridolin Heurich.
14.2.	Der auf dem „Reichstreffen" vereinbarte Zonenverbindungsausschuß nimmt seine Arbeit mit einer ersten Sitzung in Frankfurt auf. Er soll die Voraussetzungen für einen Zusammenschluß der Unionsparteien schaffen.
15.2.	Die Demokratische Union in Schleswig-Holstein schließt sich der CDU der britischen Zone an; Gründung des Landesverbands; Annahme des Namens CDU.
16.2.	Gründungsversammlung der rheinischen Sozialausschüsse der CDU in Düsseldorf.
17.2.	Offizielle Gründungsversammlung der Koblenzer CDP.
21.2.	Der französische Militärgouverneur lehnt den Zulassungsantrag für die CDU-Pfalz ab, weil Rheinhessen nicht einbezogen ist.
24.2.	Auf dem Gründungsparteitag der BCSV in Freiburg wird eine Namensänderung in CDU beraten.
	Gründung des Jugendausschusses der CSU in München. 1. Vorsitzender: Franz Steber.
26.2.–1.3.	2. Tagung des Zonenausschusses in Neheim-Hüsten. Adenauer wird zum Vorsitzenden der CDU in der britischen Zone gewählt.
Im März	Ein „Arbeitsausschuß Junge Union für die SBZ und Berlin" konstituiert sich in Berlin.
5.3.	Die französische Militärregierung genehmigt die Gründung des CDU-Landesverbands Hessen-Pfalz.
9./10.3.	1. Parteitag der Zentrumspartei in Essen. Wilhelm Hamacher wird als Vorsitzender bestätigt, Helene Wessel und Carl Spiecker werden zu Stellvertretern gewählt.
11.3.	Gründung des CDU-Landesverbandes Oldenburg. 1. Vorsitzender: Fritz Söhlmann, Stellvertreter: Hermann Siemer.
18.3.	Zulassung der CDU Württemberg-Hohenzollern auf Landesebene; am 23.3. Gründungsparteitag in Sigmaringen. 1. Vorsitzender: Franz Weiß.
17.5.	1. Landesversammlung der CSU in Nürnberg. Josef Müller wird offiziell als Parteivorsitzender (seit 31.3.1946) bestätigt. Annahme des Satzungsentwurfs.

Zeittafel

16.6.	Gründung des CDU-Landesverbandes Bremen. 1. Vorsitzender: Johannes Kaum.
16./17.6.	1. Parteitag der CDU in der SBZ in Berlin unter dem Motto „Sozialismus aus christlicher Verantwortung".
27./28.6.	In Neuenkirchen konstituiert sich unter dem Vorsitz von Christine Teusch der Frauenausschuß der CDU in der britischen Zone.
28./29.8.	Unionsvertreter beraten in Königstein die Möglichkeit des Zusammenschlusses der verschiedenen Zonen- und Landesparteien zu einer Arbeitsgemeinschaft.
8./9.11.	1. Tagung der nordrhein-westfälischen Sozialausschüsse der CDU in Herne.
16./17.11.	2. Parteitag der Zentrumspartei in Werl. Das Kultur-, Wirtschafts- und Sozialprogramm wird verabschiedet.
14./15.12.	CSU-Landesversammlung in Eichstätt. Verabschiedung des Grundsatzprogramms „Dreißig Punkte der Union".

1947

11./12.1.	Gründung der Jungen Union Bayerns, die den am 24.2.1946 gebildeten Jugendausschuß ablöst. An der Spitze steht ein dreiköpfiger Landesrat (Franz Steber/Otto Schedl/Rudolf Pirkl).
17.–21.1.	Das Treffen von Vertretern der jungen Generation aus allen Besatzungszonen in Königstein/Taunus gilt als erster Deutschlandtag der Jungen Union.
1.–3.2.	Die CDU in der britischen Zone spricht sich in ihrem „Ahlener Programm" für die „Überwindung von Kapitalismus und Marxismus" aus.
5./6.2.	In Königstein vereinbaren 41 Repräsentanten aus allen Zonen die Gründung der Arbeitsgemeinschaft von CDU und CSU. Generalsekretär: Bruno Dörpinghaus.
14.2.	Christlich-demokratische Bezirksorganisationen schließen sich in Bad Kreuznach zum Landesverband Rheinland-Pfalz zusammen.
18.–20.4.	2. Landesdelegiertentagung der Christlich-Sozialen Volkspartei Südbadens, Umbenennung in CDU Baden.
Mai	Gründung der Studentischen Landesgruppe der CSU in München. Erst im Wintersemester 1950/51 verbinden sich einzelne Gruppen zum Ring christlich-demokratischer Studenten in Bayern. 1. Landesvorsitzender: Anton Jaumann.

Zeittafel

31.5.	Gründungsversammlung der internationalen Union Christlicher Demokraten (Nouvelles Équipes Internationales/NEI) in Chaudfontaine bei Lüttich.
30./31.8.	CSU-Landesversammlung in Eichstätt. Verabschiedung des Wirtschafts- und Sozialprogramms.
6.–8.9.	2. Parteitag der Ost-CDU in Berlin.
28.–30.11.	Erste gesamtdeutsche „Reichstagung" der Sozialausschüsse in Herne. Die Delegierten schließen sich zur Arbeitsgemeinschaft der Sozialausschüsse der CDU/CSU mit Sitz in Köln zusammen. 1. geschäftsführender Vorsitzender: Johannes Albers.
19./20.12.	Die SMAD setzt die Berliner CDU-Vorsitzenden Kaiser und Lemmer ab, weil sie sich weigern, an der Volkskongreßbewegung teilzunehmen.

1948

14.1.	Die CSU lehnt den Zusammenschluß mit den anderen Unionsparteien ab.
21./22.2.	Erstes zonenübergreifendes Treffen von kommunalpolitischen Vertretern der CDU in Wiesbaden.
27.–29.4.	„Reichstagung der Landesflüchtlingsausschüsse von CDU und CSU" in Braunschweig. Gründung der Arbeitsgemeinschaft der Landesflüchtlingsausschüsse der CDU/CSU mit einem Sekretariat in Frankfurt am Main.
1.5.	Gründung der Frauenarbeitsgemeinschaft der CDU/CSU in Frankfurt am Main. 1. Vorsitzende: Helene Weber.
5.–7.8.	Gründung der Kommunalpolitischen Vereinigung der CDU auf der interzonalen Tagung in Koblenz. 1. Vorsitzender: Wilhelm Bitter.
28./29.8.	2. Parteitag der CDU der britischen Zone in Recklinghausen. Programmatische Neuorientierung in der Wirtschafts- und Sozialpolitik. Ludwig Erhard verkündet in seinem Hauptreferat über „Marktwirtschaft moderner Prägung" die neue Wirtschaftsordnung der Sozialen Marktwirtschaft.

1949

8./9.1.	Konferenz der CDU/CSU-Arbeitsgemeinschaft in Königswinter (Themen u.a.: Grundgesetz, Ruhrstatut, Wirtschaftspolitik).
30./31.1.	Außerordentlicher Delegiertentag der Zentrumspartei in Oberhausen. 90% der Delegierten lehnen eine Fusion mit der CDU ab. Fritz Stricker wird Nachfolger Spieckers im Parteivorsitz.

Zeittafel

10.4.	Die unterlegenen Befürworter einer Fusion mit der CDU („Essener Richtung") treten aus der Zentrumspartei aus und der CDU bei.
28.5.	CSU-Landesversammlung in Straubing. Hans Ehard wird CSU-Vorsitzender.
15.7.	Verabschiedung der „Düsseldorfer Leitsätze" zur „Verwirklichung der sozialen Marktwirtschaft" durch die CDU/CSU-Arbeitsgemeinschaft.
7.9.	Erich Köhler wird zum Bundestagspräsidenten gewählt.
	Franz Josef Strauß wird CSU-Generalsekretär.
	Gerald Götting wird zum Generalsekretär der Ost-CDU berufen.
15.9.	Der Deutsche Bundestag wählt Konrad Adenauer zum Bundeskanzler.
18.–20.9.	3. Parteitag der Ost-CDU in Erfurt. Otto Nuschke wird Parteivorsitzender.
30.9.	Heinrich von Brentano wird Vorsitzender der CDU/CSU-Bundestagsfraktion.

1950

31.7.	Die CDU-Landesvorsitzenden billigen auf einer Tagung in Königswinter das Statut der CDU Deutschlands.
24.9.	1. Parteitag der Exil-CDU (der aus der SBZ geflohenen CDU-Mitglieder).
1.10.	3. Jahreskongreß der internationalen Union der Christlich-Demokratischen Parteien Europas (NEI) in Konstanz.
10.10.	Die drei niedersächsischen Landesverbände der CDU bilden den Dachverband „CDU in Niedersachsen".
19.10.	Hermann Ehlers wird zum Bundestagspräsidenten gewählt.
20.–21.10.	1. Bundesparteitag der CDU in Goslar unter dem Motto „Einigkeit und Recht und Freiheit". Adenauer wird mit 302 von 335 Stimmen zum 1. Vorsitzenden, Friedrich Holzapfel und Jakob Kaiser werden zu stellvertretenden Vorsitzenden gewählt.
	Das zehn Punkte umfassende Parteistatut wird angenommen (oberste Organe der CDU sind der Bundesparteitag, der Bundesparteiausschuß und der Bundesvorstand). Gründung des „Landesverbandes für die Gebiete östlich der Oder/Neiße" unter dem Vorsitz von Linus Kather.

1951

10.2.	Der erweiterte Landesvorstand der CDU und die Landesversammlung der Deutschen Partei Niedersachsens beschließen in Braunschweig, den kommenden Wahlkampf als Niederdeutsche Union zu führen.
23./24.2.	Die Junge Union beruft eine „Konferenz christlichdemokratischer Studenten" in Bonn mit dem Ziel ein, eine Bundesorganisation zu gründen (aus dem „Bund" wird bald der „Ring Christlich-Demokratischer Studenten").
25.–27.2.	4. KPV-Delegiertentagung in Augsburg. Festlegung auf den Namen „Kommunalpolitische Vereinigung der CDU und CSU Deutschlands".
4.7.	Der CDU-Bundesparteiausschuß billigt in Bonn die Politik des Bundeskanzlers hinsichtlich des deutschen Verteidigungsbeitrags und des Schuman-Plans.
22./23.9.	In Königswinter wird der Bundesfrauenausschuß der CDU gegründet. 1. Vorsitzende: Helene Weber (kath.) und Maria Eichelbaum (evang.).
14./15.10.	2. Parteitag der Exil-CDU in Bonn. Jakob Kaiser erklärt, daß die Bundesregierung entschlossen sei, sich mit der Wiedervereinigung nicht die Bolschewisierung Deutschlands bescheren zu lassen. Adenauer betont, Ziel seiner Politik sei die Wiederherstellung der deutschen Einheit in Frieden und Freiheit. Die Einheit müsse sich auch auf das Deutschland jenseits der Oder und Neiße erstrecken. Kaiser wird zum 1., Lemmer zum 2. Vorsitzenden der Exil-CDU gewählt. In einer Resolution fordern die Teilnehmer alle Deutschen in Ost und West auf, sich im Widerstand gegen die kommunistische Diktatur zu vereinen.
18.–21.10.	2. Bundesparteitag der CDU in Karlsruhe unter dem Motto „Deutschland und Europa". Adenauer erklärt, für Deutschland komme nur die Eingliederung in die Gemeinschaft der freien Völker in Frage. In einer Entschließung wird die Politik der Bundesregierung gebilligt. Die CDU bekennt sich zu einem geeinten Europa und zu einem wiedervereinten Deutschland.
19.–21.10.	Arbeitstagung der Ost-CDU in Meißen. Erarbeitung der „Thesen des Christlichen Realismus". Die Partei bekennt sich zur sozialistischen Gesellschaftsordnung.
Dezember	Nach Übertritt des Zentrums-MdB Heinrich Glasmeyer zur CDU schließen sich die restlichen neun Zentrumsabgeordneten

mit der 13-köpfigen Fraktion der Bayernpartei zur Fraktion der Föderalistischen Union im Deutschen Bundestag zusammen.

1952

12.1.	Tagung des Exekutivausschusses der Nouvelles Équipes Internationales in Paris. Aufforderung an die christlich-demokratischen Delegierten in Straßburg, alle Schritte zu unternehmen, um eine europäische Konföderation herbeizuführen, die allein in der Lage sei, in enger Zusammenarbeit mit der Atlantischen Gemeinschaft Frieden und Freiheit zu sichern.
6.2.	Verschiedene saarländische Persönlichkeiten beantragen bei der Regierung des Saarlands die Zulassung einer neuen Partei, die den Namen Christlich-Demokratische Union (CDU) tragen soll. Der Antrag ist u.a. unterzeichnet von Franz Stegmann, Egon Reinert, Karl Hillenbrand.
14.–16.3.	Gründung des Evangelischen Arbeitskreises der CDU in Siegen. Wahl eines geschäftsführenden Ausschusses, der auf seiner ersten Sitzung am 27.5.1952 Hermann Ehlers zum Vorsitzenden des EAK vorschlägt.
Mai	Bruno Heck wird CDU-Bundesgeschäftsführer.
4. 6.	Gründung der CDU Saar in Saarbrücken. 1. Vorsitzender: Hubert Ney. Annahme des Parteiprogramms durch die Gründungsversammlung.
5./6.7.	CSU-Landesversammlung in Regensburg. Eine neue Satzung wird beschlossen und Franz Josef Strauß zum stellvertretenden Landesvorsitzenden gewählt.
16.–18.10.	6. Parteitag der Ost-CDU in Berlin. Anerkennung der führenden Rolle der SED.
18./19.10	3. Bundesparteitag der CDU in Berlin. Adenauer wird als 1. Vorsitzender wiedergewählt, Ehlers und Kaiser werden Stellvertreter.
	Entschließung, die ganze Kraft der Partei für die Wiedervereinigung Deutschlands und die Schaffung einer europäischen Föderation einzusetzen.
16.12.	Der Parteivorstand der CDU spricht sich in einer Entschließung für eine baldige Ratifizierung der deutsch-alliierten Vertragswerke aus.

1953

21.1.	Georg Dertinger, stellvertretender Vorsitzender der Ost-CDU und Außenminister der DDR, wird unter dem Verdacht der Spionage verhaftet.
18.–22.4.	4. Bundesparteitag der CDU in Hamburg. Das Wahlprogramm, in dem die Grundlinien der Politik der CDU im kommenden Bundestag dargelegt werden, wird gebilligt („Hamburger Programm").
3.–6.9.	7. Jahrestagung der Internationalen Union der Christlichen Demokraten (NEI) in Tours. Die CDU wird durch Georg Strickrodt und Friedrich August von der Heydte vertreten.

1954

12.1.	Adenauer erklärt vor der CDU/CSU-Fraktion, das deutsche Volk befinde sich angesichts der Berliner Konferenz in der ernstesten Situation seit 1945.
19. 1.	In einer Resolution zur Berliner Viermächtekonferenz erklärt der CDU-Parteivorstand, dem Frieden und der Sicherheit Europas und der Welt könne kein größerer Dienst erwiesen werden als durch die Wiedervereinigung Deutschlands.
28.–30.5.	5. CDU-Bundesparteitag in Köln.
10.–13.9.	Jahreskongreß der Internationalen Union Christlicher Demokraten (NEI) in Brügge.
22.10.	Stellungnahme des CDU/CSU-Fraktionsvorsitzenden von Brentano zur Unterzeichnung der Abkommen in Paris im Rahmen der Neun-Mächte-Konferenz. Nach Ratifizierung dieser Verträge halte die CDU einen günstigen Zeitpunkt für Vierergespräche gekommen.
16.11.	Eugen Gerstenmaier wird zum Bundestagspräsidenten gewählt.

1955

22.1.	CSU-Landesversammlung in München. Hanns Seidel wird als Nachfolger von Hans Ehard zum CSU-Landesvorsitzenden gewählt.
15.6.	Heinrich Krone wird Vorsitzender der CDU/CSU-Bundestagsfraktion.
22./23.10.	CSU-Landesversammlung in München. Franz Josef Strauß betont, daß die CSU nicht nur eine bayerische, sondern in erster

Zeittafel

Linie eine deutsche Aufgabe zu erfüllen habe, die Bundespolitik dürfe keine Addierung regionaler Sonderinteressen sein.

1956

13.1. Vor dem CDU-Bundesvorstand erklärt Bundeskanzler Adenauer, man müsse der wachsenden Bedrohung durch den Kommunismus mit einer Belebung des europäischen Gedankens, mit dem beschleunigten Aufbau der deutschen Streitkräfte und mit einer Verstärkung der persönlichen Kontakte zwischen den Deutschen diesseits und jenseits des Eisernen Vorhangs begegnen. Zur Innenpolitik erklärte der Parteivorstand, daß die Vorarbeiten für eine Sozialreform so bald wie möglich abgeschlossen werden müßten.

10./11.3. Tagung der Führungsgremien der CDU. Adenauer befürwortet eine Förderung aller Bemühungen um die Abrüstung durch die Bundesregierung; Abrüstung könne helfen, Voraussetzungen für die Wiedervereinigung zu schaffen.

26.–29.4. 6. CDU-Bundesparteitag in Stuttgart unter dem Motto „Zehn Jahre Politik für Deutschland". Neufassung des Statuts der CDU. Konstituierung des Bundesarbeitskreises Mittelstand der CDU. 1. Vorsitzender: Kurt Schmücker.

27.4. Die CDU/CSU-Fraktion beschließt in Stuttgart, im Bundestag für die Einführung der allgemeinen Wehrpflicht einzutreten.

22.7. Zentrumspartei und Christliche Volkspartei des Saarlands fusionieren zur Christlichen Volkspartei-Zentrum (bis 2.4.1957).

23.7. In Saarbrücken wird die Vereinigung der CDU des Saarlands mit der Bundes-CDU vollzogen. 1. Vorsitzender: Hubert Ney.

1957

11.–15.5. 7. Bundesparteitag der CDU in Hamburg unter dem Motto „Einheit für Deutschland, Freiheit für Europa, Frieden in der Welt". In seiner Eröffnungsansprache hebt Adenauer den politischen Führungsanspruch der CDU hervor. Gerstenmaier greift die SPD wegen ihrer doktrinären, marxistischen Haltung an. Kiesinger verteidigt die europäische Einigungspolitik der Partei. Zum Abschluß des Parteitags fordert die CDU in ihrem „Hamburger Manifest" u.a. die Wiedervereinigung Deutschlands in Frieden und Freiheit.

12.6. Zentrum und Bayernpartei schließen sich für die Bundestagwahl zum Wahlbündnis Föderalistische Union zusammen (bis 31.3.1958).

13.6.	Die CVP im Saarland schließt ein Wahlbündnis mit der CSU.
15.7.	Agrarpolitische Bundestagung der CDU in Köln.

1958

18.–21.9	8. CDU-Bundesparteitag in Kiel. Verabschiedung des „Kieler Manifests".

1959

24.2.	Die Spitzengremien von CDU und CSU schlagen Ludwig Erhard als Kandidaten für das Amt des Bundespräsidenten vor. Erhard verzichtet auf die Kandidatur am 3.3.
7.4.	Nominierung Adenauers zum Kandidaten der CDU und CSU für das Amt des Bundespräsidenten.
19.4.	Der außerordentliche Delegiertentag der CSU/CVP des Saarlands beschließt in Saarbrücken mit 525 gegen 31 Stimmen bei 6 Enthaltungen die Auflösung der Partei und den Anschluß an die CDU.
5.6.	Adenauer begründet vor dem CDU-Vorstand und der CDU/CSU-Fraktion seinen Entschluß, seine Kandidatur für das Amt des Bundespräsidenten zurückzuziehen.
15.6.	Ein Wahlmännergremium der CDU und CSU nominiert Bundeslandwirtschaftsminister Heinrich Lübke zum neuen Präsidentschaftskandidaten, der am 1.7. gewählt wird.
3.10.	Gespräch zwischen CDU und DP in Neuenkirchen/Stade über eine Änderung des Wahlgesetzes; die CDU lehnt die DP-Vorschläge ab.

1960

26.–29.4.	9. CDU-Bundesparteitag in Karlsruhe unter dem Leitwort „Wir rufen das deutsche Volk". Grundsatzentschließungen zur Deutschland-, Wirtschafts-, Sozial- und Kommunalpolitik.
7.5.	9. Bundesparteitag der Deutschen Partei in Heilbronn. Die Bundestagsfraktion will eine stärkere Anlehnung an die CDU, der niedersächsische Landesverband mehr Eigenständigkeit im Rahmen „bürgerlicher" Koalitionen.
1.7.	Neun MdB der DP geben ihren Austritt aus der Bundestagsfraktion bekannt und treten am 20.9. der CDU/CSU-Fraktion bei. Die restlichen sechs DP-Abgeordneten bilden eine Gruppe.
28.–30.11.	Kulturpolitischer Kongreß der CDU und CSU in Gelsenkirchen.

1961

18.3.	CSU-Landesversammlung in München. Franz Josef Strauß wird zum Parteivorsitzenden gewählt.
15.4.	Delegierte von DP und BHE beschließen in Bonn die Fusion beider Parteien zur Gesamtdeutschen Partei. Die GDP erleidet bei den Bundestagswahlen eine schwere Wahlniederlage. Vor allem in Niedersachsen schließen sich daraufhin zahlreiche Funktionsträger der GDP, die zuvor in der DP waren, der CDU an.
24.–27.4.	10. CDU-Bundesparteitag in Köln. Verabschiedung des „Kölner Manifests".
7.7.	Agrarpolitische Bundestagung der CDU in Bad Godesberg.
17.10.	Heinrich von Brentano wird erneut Vorsitzender der CDU/CSU-Bundestagsfraktion.

1962

2.–5.6.	11. CDU-Bundesparteitag in Dortmund. Grundsatzentschließungen zur Sozialen Marktwirtschaft und zur Außenpolitik, Änderung der Parteisatzung.
4.–6.11.	Kulturpolitischer Kongreß von CDU und CSU in Augsburg.

1963

23.4.	Der Fraktionsvorstand der CDU/CSU nominiert Ludwig Erhard als Kanzlerkandidaten, der nach Adenauers Rücktritt am 16.10. zum Bundeskanzler gewählt wird.
2.5.	Sportpolitische Konferenz von CDU und CSU in Berlin.
9.12.	Gründungsversammlung des Wirtschaftsrates der CDU e.V. in Bonn. 1. Vorsitzender: Klaus Scheufelen.

1964

29./30.1.	Gesundheitspolitischer Kongreß der CDU in Oberhausen.
14.–17.3.	12. CDU-Bundesparteitag in Hannover. Verabschiedung eines „Agrarpolitischen Programms".
18./19.6.	Kommunal-Kongreß der Kommunalpolitischen Vereinigung von CDU und CSU in Mainz unter dem Motto „Die Zukunft gestalten! Bürger und Gemeinden im modernen Staat".
9./10.10.	Verteidigungspolitischer Kongreß der CDU in Kassel.

9./10.11.	Kulturpolitischer Kongreß von CDU und CSU in Hamburg unter dem Motto „Bildung in der modernen Welt".
1.12.	Rainer Barzel wird Vorsitzender der CDU/CSU-Bundestagsfraktion.
2.–4.12.	Kongreß berufstätiger Frauen der CDU in Bochum unter dem Motto „Frauen und Arbeitswelt – Morgen".

1965

4./5.3.	Bauernkongreß der CDU in Oldenburg.
28.–31.3.	13. CDU-Bundesparteitag in Düsseldorf unter dem Motto „Es geht um Deutschland". Verabschiedung der „Düsseldorfer Erklärung".
3./4.5.	Vertriebenenkongreß von CDU und CSU in Nürnberg unter dem Motto „Freiheit und Recht in Deutschland und Europa".
24.–26.5.	Raumordnungskongreß von CDU und CSU in Saarbrücken.
17.7.	Fusion der Zentrumspartei mit der Saarländischen Volkspartei zur Christlichen Volkspartei (Bundestagwahlergebnis: 0,1%). Verabschiedung des Grundsatzprogramms der Christlichen Volkspartei in Köln am 24.7.
9.–12.12.	Auf dem 17. Jahreskongreß der NEI in Taormina findet die Umbenennung in EUCD (Europäische Union Christlicher Demokraten) statt. Eine neue Satzung, die Einrichtung eines Politischen Büros und das Amt eines Generalsekretärs werden beschlossen.

1966

21.–23.3.	14. CDU-Bundesparteitag in Bonn. Ludwig Erhard wird zum Nachfolger Adenauers im Bundesvorsitz der Partei gewählt.
Mai	Gerald Götting wird Vorsitzender der CDU in der DDR.
1.12.	Kurt Georg Kiesinger wird nach Erhards Rücktritt zum Bundeskanzler gewählt, CDU/CSU und SPD bilden die Große Koalition.

1967

22./23.5.	15. CDU-Bundesparteitag in Braunschweig. Bundeskanzler Kiesinger wird als Nachfolger Ludwig Erhards zum Bundesvorsitzenden gewählt. Bruno Heck wird im neugeschaffenen Amt des Generalsekretärs bestätigt.

Zeittafel

8./9.7.	12. CDA-Bundestagung. Verabschiedung der „Offenburger Erklärung" als eine Art Grundsatzprogramm.

1968

4.–7.11.	16. CDU-Bundesparteitag in Berlin. Verabschiedung des „Berliner Programms". Umwandlung des Landesverbandes Oder/Neiße in Union der Vertriebenen und Flüchtlinge – Vereinigung der Ost- und Mitteldeutschen in der CDU und CSU (OMV).
6./7.10.	Kommunal-Kongreß der Kommunalpolitischen Vereinigung von CDU und CSU in Frankfurt unter dem Motto „Freiheit und Verantwortung".
14.12.	CSU-Parteitag in München. Beschluß eines neuen Grundsatzprogramms. Der Posten eines 3. stellvertretenden Landesvorsitzenden wird geschaffen und durch Mathilde Berghofer-Weichner erstmals mit einer Frau besetzt.

1969

5.2.	Kai-Uwe von Hassel wird zum Bundestagspräsidenten gewählt.
28.2.–1.3.	Kulturpolitischer Kongreß von CDU und CSU in Bad Godesberg.
6.-8.3.	Bauernkongreß der CDU in Münster.
11./12.4.	CDU-Kongreß in Ludwigshafen unter dem Motto „Die Frau im Spannungsfeld unserer Zeit".
28.9.	Obwohl die Unionsparteien bei der Bundestagswahl 46,1% der Stimmen erhalten, bilden SPD und FDP die sozial-liberale Regierungskoalition und verweisen die CDU/CSU in die Opposition.
7.–9.11.	Deutschlandtag in Hamm. Die Junge Union übernimmt die Rolle der „Opposition in der Opposition".
17./18.11.	17. CDU-Bundesparteitag in Mainz.

1970

26.6.	Tagung des Hauptvorstandes der Ost-CDU zum 25. Jahrestag der Gründung der Partei. Die CDU habe den „Bürgern christlichen Glaubens eine klare soziale und geistige Perspektive für ihren Weg in die entwickelte sozialistische Gesellschaft eröffnet."
13.10.	Sportkonferenz von CDU und CSU.

1971

15.1.	Die vier CDU-Landesverbände in Baden-Württemberg schließen sich auf dem Landesparteitag in Baden-Baden zusammen. 1. Landesvorsitzender: Hans Filbinger.
25.–27.1.	18. CDU-Bundesparteitag in Düsseldorf. Verabschiedung der 2. Fassung des „Berliner Programms".
30.1.	Bildungspolitischer Kongreß der CDU in Lübeck.
3./4.9.	Verteidigungspolitischer Kongreß der CDU in Koblenz.
4./5.10.	19. CDU-Bundesparteitag in Saarbrücken. Rainer Barzel wird als Nachfolger von Kurt Georg Kiesinger zum CDU-Bundesvorsitzenden gewählt, zum Generalsekretär Konrad Kraske; Verabschiedung einer Berlin-Resolution.
29.11.	Rainer Barzel wird zum Kanzlerkandidaten von CDU und CSU nominiert.

1972

15.5.	Der CDU-Bundesvorstand gibt die Abstimmung über die Ostverträge frei.
29.9.–1.10.	Verabschiedung eines Grundsatzprogramms auf dem JU-Deutschlandtag in Fulda.
6./7.10.	Verteidigungspolitischer Kongreß der CDU in Hamburg.
9.–11.10.	20. CDU-Bundesparteitag in Wiesbaden. Verabschiedung des – erstmals mit der CSU erarbeiteten – Regierungsprogramms der Union („Wiesbadener Arbeitsprogramm").

1973

8.5.	Die CDU/CSU-Bundestagsfraktion lehnt mit 101 gegen 93 Stimmen den Beitritt der Bundesrepublik Deutschland zur UNO ab; sie folgt damit nicht der Empfehlung ihres Vorsitzenden Barzel, der daraufhin zurücktritt.
17.5.	Karl Carstens wird Vorsitzender der CDU/CSU-Bundestagsfraktion.
12.6.	21. CDU-Bundesparteitag in Bonn. Nach dem Rücktritt Rainer Barzels wird Helmut Kohl zum Bundesvorsitzenden gewählt. Kurt Biedenkopf wird CDU-Generalsekretär.
18.–20.11.	22. CDU-Bundesparteitag in Hamburg. Beschlüsse zum sozialen Baubodenrecht; Vermögenspolitische Leitsätze und Grundsatz-

Zeittafel

thesen zur beruflichen Bildung werden verabschiedet („Hamburger Beschlüsse").

1974

8./9.3.	Kommunalpolitischer Kongreß der CDU in Bonn.
23.3.	Strukturpolitischer Kongreß der CDU in Rastede.
30./31.5.	Medienkongreß von CDU und CSU in München.
4./5.7.	CDU-Symposium zur Sicherheitspolitik.
4./5.10.	Familienpolitischer Kongreß der CDU in Münster. Ankündigung eines Modells der „Partnerrente".
22./23.11.	Gesundheitspolitischer Kongreß der CDU in Kiel.
6./7.12.	CDA-Kongreß in Leverkusen unter dem Motto „Humanität im Arbeitsleben".

1975

9./10.1.	Sicherheitspolitischer Kongreß der CDU in Koblenz unter dem Motto „Mehr Sicherheit in Freiheit".
14./15.3.	Berufsbildungskongreß der CDU in Saarbrücken.
19.6.	Nominierung von Helmut Kohl als Kanzlerkandidat der Union.
23.–25.6.	23. CDU-Bundesparteitag in Mannheim. Verabschiedung der „Mannheimer Erklärung", die die außen-, innen- und gesellschaftspolitische Positionen der CDU beschreibt; Änderung des Parteistatuts.
4./5.9.	Internationaler Entwicklungspolitischer Kongreß der CDU in Bonn.
21./22.11.	Die Bundesvertreterversammlung der KPV beschließt in Stuttgart ein Kommunalpolitisches Grundsatzprogramm.
28.11.	Deutschlandpolitischer Kongreß von CDU und CSU in Ingolstadt mit Referaten von Kohl und Strauß.
4./5.12.	Rechtspolitischer Kongreß der CDU in Karlsruhe unter dem Motto „Recht sichert Freiheit".

1976

13./14.2.	Bauernkongreß der CDU in Oldenburg.
21.2.	Das vom Politischen Büro der EUCD einstimmig angenommene „Manifest der Christlichen Demokraten Europas" wird verkündet.

Zeittafel

5.-7.3.	Die 27. RCDS-Bundesdelegiertentagung in Bonn verabschiedet ein Grundsatzprogramm.
12./13.3.	CSU-Parteitag in München. Verabschiedung des von der Grundsatzkommission unter Theo Waigel erarbeiteten Grundsatzprogramms.
29.4.	In Straßburg findet unter Teilnahme von zehn europäischen Parteien der Mitte die Gründungsversammlung der „Europäischen Volkspartei/Föderation der christlich-demokratischen Parteien der Europäischen Gemeinschaft" statt.
24.–26.5.	24. Bundesparteitag der CDU in Hannover unter dem Motto „Aus Liebe zu Deutschland – Freiheit statt Sozialismus".
	Der von der Bundesregierung verfolgten Entspannungs- und Normalisierungspolitik stellen CDU und CSU ihr Programm zur Überwindung der deutschen Teilung „in einem geeinten Europa freier Menschen" und zur Festigung des Atlantischen Bündnisses entgegen.
28./29.5.	Kulturkongreß von CDU und CSU in München.
19.11.	In Wildbad Kreuth beschließt die CSU-Landesgruppe, die Fraktionsgemeinschaft mit der CDU im Bundestag zu beenden.
12.12.	Der Kreuther Beschluß wird widerrufen. Die CDU hatte angekündigt, einen Landesverband in Bayern zu gründen.
14.12.	Helmut Kohl wird Vorsitzender der CDU/CSU-Bundestagsfraktion.
	Karl Carstens wird zum Bundestagspräsidenten gewählt.

1977

7.–9.3.	25. CDU-Bundesparteitag in Düsseldorf unter dem Motto „Unsere Verantwortung für Deutschland". Heiner Geißler wird Generalsekretär der CDU.
22.–24.9.	Grundsatzforum der CDU in Berlin.
10./11.10.	CDU-Fachkongreß „Energie und Umwelt" in Hannover.
21./22.10.	CDU-Kongreß „Zukunftschancen der jungen Generation" in Hamburg.
29.–30.11.	Wissenschaftliche Fachtagung der CDU in Bonn zum Terrorismusproblem unter dem Motto „Der Weg in die Gewalt".

1978

13./14.1.	Sicherheitspolitisches Forum der CDU in Kiel.

8.4.	Gemeinsame Tagung von Frauen- und Mittelstandsvereinigung der CDU in Hamburg zum Thema „Die Frau in mittelständischen Betrieben".
19./20.4.	Wissenschaftliche Fachtagung der CDU in Bonn zum Thema „Verwaltete Bürger – Gesellschaft in Fesseln".
18./19.5.	Rechtspolitischer Kongreß von CDU und CSU in Karlsruhe unter dem Motto „Recht sichert Freiheit".
12./13.6.	CDU und CSU nehmen an der Gründung der Europäischen Demokratischen Union (EDU) teil.
30.9.	Wehrpolitisches Symposium der CDU in Bonn.
23.–25.10.	26. CDU-Bundesparteitag in Ludwigshafen. Die Partei beschließt ihr erstes Grundsatzprogramm.
6.11.	Franz Josef Strauß wird bayerischer Ministerpräsident.
7./8.11.	Medientag der CDU in Bonn.
20.11.	Edmund Stoiber wird CSU-Generalsekretär.

1979

1./2.3.	Wissenschaftliche Fachtagung der CDU zu Umwelt und Wachstum in Bonn unter dem Motto „Lebenswerte Zukunft".
25.–27.3.	27. CDU-Bundesparteitag in Kiel unter dem Leitwort „Gegen ein sozialistisches Europa. Deutsche wählt das freie und soziale Europa".
23.5.	Karl Carstens wird zum Bundespräsidenten gewählt.
31.5.	Richard Stücklen (CSU) wird zum Bundestagspräsidenten gewählt.
2.7.	Die CDU/CSU-Fraktion im Deutschen Bundestag entscheidet sich mit 135:102 Stimmen für Franz Josef Strauß und gegen Ernst Albrecht als Kanzlerkandidaten für die Bundestagswahl 1980.
28./29.9.	CSU-Parteitag in München.
23./24.10.	Sportkongreß der CDU in Bonn.
20.11.	Deutschlandpolitisches Symposium der CDU in Bonn.

1980

11./12.1.	Sicherheitspolitischer Kongreß der CDU in Bonn.
21./22.2.	Bauernkongreß der CDU in Oldenburg.

Zeittafel

22./23.2.	Deutschlandpolitischer Kongreß der Union der Vertriebenen und Flüchtlinge in der CDU und CSU in Mannheim unter dem Motto „Die Zukunft Deutschlands".
4./5.3.	Außenpolitische Fachtagung der CDU in Bonn zum Thema „Frieden in Freiheit sichern".
19./20.5.	28. CDU-Bundesparteitag in Berlin. Verabschiedung des Wahlprogramms „Für Frieden und Freiheit in der Bundesrepublik Deutschland und in der Welt" von CDU und CSU.
19.8.	Seniorenkongreß der CDU in Bonn.
12.9.	Frauenkongreß der CDU in Mainz unter dem Motto „Die CDU ist für die Frauen da".

1981

9./10.3.	29. Bundesparteitag der CDU in Mannheim unter dem Motto „Wir arbeiten für eine menschliche Zukunft". Der Parteitag verabschiedet das Arbeitsprogramm „Aufgaben der achtziger Jahre".
2.–5.11.	30. CDU-Bundesparteitag in Hamburg. Verabschiedung der Grundsätze „Mit der Jugend – unser Land braucht einen neuen Anfang".
7./8.12.	Europapolitische Fachtagung der CDU in Bonn.

1982

20.9.	Die Oppositionsparteien CDU und CSU vereinbaren mit der FDP, Helmut Kohl am 1.10. durch ein konstruktives Mißtrauensvotum zum Bundeskanzler zu wählen.
28.9.	CDU, CSU und FDP einigen sich auf ein Koalitionsabkommen.
4.10.	Alfred Dregger wird Vorsitzender der CDU/CSU-Bundestagsfraktion.
20./21.10.	CDU-Fachtagung „Deutsche und Ausländer für eine gemeinsame Zukunft" in Bonn.

1983

15.1.	Fachkongreß der CDU in Karlsruhe unter dem Motto „Recht sichert Freiheit".
3.2.	Fachkongreß der CDU in Bonn zum Thema „Frieden sichern durch Abrüstung und Verteidigung".
29.3.	Rainer Barzel wird zum Bundestagspräsidenten gewählt.

Zeittafel

25./26.5.	31. CDU-Bundesparteitag in Köln.
8.11.	Fachkongreß der CDU in Bonn zum Thema „Europas Verantwortung für den Frieden".

1984

27.2.	Europakongreß der CDU in Bonn zum Thema „Wachstum, neue Technik, Arbeit – Europa in den achtziger Jahren".
9.–11.5.	32. CDU-Bundesparteitag in Stuttgart. Verabschiedung der Stuttgarter Leitsätze „Deutschlands Zukunft als moderne und humane Industrienation".
23.5.	Richard von Weizsäcker wird zum Bundespräsidenten gewählt.
5.11.	Philipp Jenninger wird zum Bundestagspräsidenten gewählt.
13.11.	CDU-Fachkongreß „Boden und Landwirtschaft" in Bonn.

1985

27./28.2.	Fachkongreß „CDU/CSU-Medienpolitik – Chance für die Zukunft" in Mainz.
20.3.	Auf dem 33. CDU-Bundesparteitag in Essen werden die Leitsätze für eine neue Partnerschaft zwischen Mann und Frau verabschiedet und das Amt eines Seniorenbeauftragten geschaffen.
28.11.	Wirtschaftspolitischer Kongreß der CDU in Osnabrück zum Thema „Auf neuen Wegen zu neuen Arbeitsplätzen".

1986

24./25.1.	Rechtspolitischer Kongreß der CDU in Karlsruhe unter dem Motto „Recht sichert Freiheit".
7.3.	Die beiden CDU-Landesverbände in Nordrhein-Westfalen schließen sich zusammen. 1. Vorsitzender: Kurt Biedenkopf.
19.3.	Seniorenkongreß der CDU in Bonn.
14.5.	Sicherheitspolitischer Kongreß der CDU in Bonn.
27.8.	Fachkongreß der CDU in Bonn zum Thema „Verantwortung für Deutschland – Energiepolitik für eine humane Zukunft".
10.9.	Gesundheitspolitischer Kongreß der CDU in Bonn.
24.9.	Fachkongreß der CDU in Bonn zum Thema „Technischer Fortschritt für eine humane Zukunft".
7./8.10.	34. Bundesparteitag in Mainz. Verabschiedung des „Zukunftsmanifests" der CDU.

Zeittafel

20.10.	CDU-Kongreß zum Thema „Gegen Terror und Gewalt den inneren Frieden sichern" in Bonn.

1987

9.11.	Auf dem 35. CDU-Bundesparteitag in Bonn wird die Gründung einer Seniorenunion als achte Vereinigung der CDU beschlossen.

1988

20.1.	Auf der 16. Bundesdelegiertentagung in Bonn wird die Frauenvereinigung der CDU in Frauen-Union umbenannt.
14.4.	Außenpolitischer Kongreß der CDU in Bonn.
20.4.	Gründung der Senioren-Union in Bonn. 1. Vorsitzender: Gerhard Braun.
13.-15.6.	36. CDU-Bundesparteitag in Wiesbaden. Beschlüsse zu den Anträgen des Bundesvorstands „Unsere Verantwortung in der Welt", „Politik auf der Grundlage des christlichen Menschenbildes" und „Die CDU als moderne Volkspartei".
3.10.	Tod des CSU-Vorsitzenden und bayerischen Ministerpräsidenten Franz Josef Strauß.
25.11.	Rita Süssmuth wird zur Bundestagspräsidentin gewählt.
19.11.	Die CSU-Parteitagsdelegierten wählen Theo Waigel mit 98,3% der Stimmen zum neuen Parteivorsitzenden.

1989

18.1.	CDU-Kongreß „40 Jahre Bundesrepublik Deutschland" in Bonn.
12.4.	Europakongreß der CDU in Bonn.
10.9.	Vier Mitglieder der Ost-CDU schicken den „Brief aus Weimar" an die Parteileitung und die Kreisverbände der Ost-CDU. Darin wird die Angepaßtheit der Parteispitze an die SED beklagt und die Einlösung grundlegender Freiheitsrechte in der DDR gefordert.
11.-13.9.	37. Bundesparteitag der CDU in Bremen. Beschlüsse zu den Themen „Unsere Verantwortung für die Schöpfung", „Moderne Parteiarbeit in den 90er Jahren", „Ausländer- und Asylpolitik" werden gefaßt. Volker Rühe wird Generalsekretär.
2.10.	In Ost-Berlin entsteht die Oppositionsgruppe „Demokratischer Aufbruch", die später in der CDU aufgeht (4.8.1990).

Zeittafel

2.11.	Gerald Götting tritt als Vorsitzender der Ost-CDU zurück.
10.11.	Der Hauptvorstand der Ost-CDU wählt Lothar de Maizière zum neuen Vorsitzenden.
4.12.	Die Ost-CDU tritt aus dem „Zentralen Demokratischen Block" aus.
15./16.12.	Sonderparteitag der Ost-CDU in Berlin. Abkehr vom Sozialismus als „leerer Hülse", Bekenntnis zur Sozialen Marktwirtschaft und zur Einheit der deutschen Nation.

1990

20.1.	Gründung der Deutschen Sozialen Union in Leipzig. 1. Vorsitzender: Hans-Wilhelm Ebeling.
5.2.	In Anwesenheit von Helmut Kohl verabreden die Parteivorsitzenden de Maizière (CDU), Ebeling (DSU) und Schnur (DA), das Wahlbündnis „Allianz für Deutschland" zur Volkskammerwahl am 18.3.
18.3.	Die CDU-West und die CDU-Ost beschließen, sich unmittelbar vor dem Beitritt der DDR zur Bundesrepublik Deutschland zu vereinigen.
25.6.	Der Vorstand der Demokratischen Bauernpartei Deutschlands (DBD) entscheidet sich für eine Fusion mit der CDU.
16.9.	Deutschlandtag der Jungen Union in Leipzig. Vereinigung mit der seit dem 9.11.1989 bestehenden Christlich-Demokratischen Jugend in der DDR.
1./2.10.	38. CDU-Bundesparteitag (1. Parteitag der CDU Deutschlands) in Hamburg unter dem Motto „Ja zu Deutschland – Ja zur Zukunft". Die fünf neuen ostdeutschen Landesverbände treten der CDU bei.
	Helmut Kohl wird mit 98,5% der Stimmen zum Vorsitzenden der CDU gewählt.
	Verabschiedung des „Manifests zur Vereinigung".

1991

15.5.	Außenpolitischer Kongreß der CDU in Bonn.
28.6.	Umweltforum in Magdeburg und 1. Konferenz der CDU-Umweltbeauftragten.
31.10.	CDU-Kongreß in Frankfurt/Oder zum Thema „Kulturgemeinschaft Europa – Die Zukunft des Kontinents".

25.11.	Wolfgang Schäuble wird Vorsitzender der CDU/CSU-Bundestagsfraktion.
15.-17.12.	2. Parteitag der CDU in Dresden. Das Manifest „Die Zukunft gemeinsam gestalten. Die neuen Aufgaben deutscher Politik" wird beschlossen.

1992

14./15.2.	Rechtspolitischer Kongreß der CDU in Karlsruhe unter dem Motto „Recht sichert Freiheit – Aktuelle Herausforderungen an die Rechtspolitik im geeinten Deutschland".
11./12.5.	Verfassungspolitischer Kongreß der CDU in Bonn zum Thema „Freiheitliche Demokratie in Deutschland".
14./15.5.	2. Konferenz der CDU-Umweltbeauftragten und Umweltforum in Bonn.
12.6.	Fachkongreß der CDU-Grundsatzkommission in Frankenthal zum Thema „Vereinbarkeit von Familie und Beruf".
1.9.	CDU-Fachtagung „Umwelt und Verkehr" in Bonn.
26.-28.10.	3. Parteitag der CDU in Düsseldorf. Peter Hintze wird Generalsekretär.

1993

4./5.3.	Bildungspolitischer Kongreß der CDU in Wiesbaden unter dem Motto „Bildung – Schlüssel zur Zukunft".
25.3.	Medienpolitisches Forum der CDU in Bonn zum Thema „Eindämmung der Gewalt im Fernsehen".
28.5.	3. Konferenz der CDU-Umweltbeauftragten und 3. Umweltforum in Bonn.
8./9.10.	Auf dem CSU-Parteitag wird das neue Grundsatzprogramm beschlossen, das von einer Kommission unter Vorsitz Edmund Stoibers erarbeitet wurde.
12.-14.10.	4. Parteitag der CDU in Berlin. Beschlüsse zur Inneren Sicherheit sowie zur Erziehung und Ausbildung in einem freiheitlich demokratischen Bildungssystem.

1994

20.-23.2.	5. Parteitag der CDU in Hamburg. Verabschiedung des neuen Grundsatzprogramms unter dem Motto „Freiheit in Verantwortung".

24.3.	Außenpolitischer Kongreß der Senioren-Union in Bonn zum Thema „Zwischen Machtideologie und Angst vor der Macht".
23.5.	Roman Herzog wird zum Bundespräsidenten gewählt.
1.9.	Die CDU/CSU-Fraktion legt „Überlegungen zur europäischen Politik" vor. Der Vorschlag zur Schaffung eines „Kerneuropas" stößt in den anderen Parteien und EU-Staaten auf Kritik.
28.11.	6. Parteitag der CDU in Bonn. Helmut Kohl wird mit 864 Ja-Stimmen bei 51 Gegenstimmen und 14 Enthaltungen im Amt des Parteivorsitzenden bestätigt. Die Empfehlung für eine Verankerung der Frauenquote in der Parteisatzung wird gebilligt.

1995

16.–18.10.	7. Parteitag der CDU in Karlsruhe unter dem Motto „Auf dem Weg ins 21. Jahrhundert". Die Mehrheit der Delegierten lehnt die Einführung der Frauenquote ab. Verabschiedung der „Europapolitischen Leitsätze".

1996

20.–22.10.	8. Parteitag der CDU in Hannover unter dem Motto „Handeln für die Zukunft". Mit 609 zu 297 Stimmen verabschieden die Delegierten die Frauenquote. Kohl wird als Parteivorsitzender bestätigt.
16./17.12.	Sieben ehemalige DDR-Bürgerrechtler, die bislang bei Bündnis 90/Die Grünen aktiv waren, wechseln zur CDU und kritisieren die Anbiederung der Grünen an die PDS.

1997

13.–15.10.	9. Parteitag der CDU in Leipzig unter dem Motto „Das 21. Jahrhundert menschlicher gestalten". Verabschiedung der Beschlüsse „Projekt Zukunftschancen, Verantwortung in Deutschland" und „Sicher leben – Zwölf Thesen zur Inneren Sicherheit". Kohl unterstreicht in Interviews, daß er sich den Fraktionsvorsitzenden Schäuble als seinen Nachfolger im Kanzleramt wünscht.

1998

18./19.5.	10. Parteitag der CDU in Bremen. Verabschiedung des „Zukunftsprogramms" als Grundlage für den Wahlkampf. Verabschiedung des Unvereinbarkeitsbeschlusses, der jede Zusammenarbeit mit extremistischen Parteien ablehnt.

7.11.	11. Parteitag der CDU in Bonn. Nach dem Rücktritt von Helmut Kohl wird Wolfgang Schäuble mit 93,4% zum neuen Parteivorsitzenden gewählt. Angela Merkel wird Generalsekretärin.

1999

16.1.	Auf dem 53. CSU-Parteitag wird Edmund Stoiber zum Parteivorsitzenden gewählt.
30.11.	In der CDU-Spendenaffäre räumt Helmut Kohl ein, gegen das Parteiengesetz verstoßen zu haben.

2000

18.1.	Helmut Kohl legt den CDU-Ehrenvorsitz nieder.
16.2.	Wolfgang Schäuble erklärt seinen Verzicht auf den CDU/CSU-Fraktions- und den CDU-Parteivorsitz.
29.2.	Friedrich Merz wird zum Fraktionsvorsitzenden gewählt.
9.–11.4.	Auf dem Parteitag in Essen wird Angela Merkel zur CDU-Vorsitzenden gewählt. Ruprecht Polenz wird Generalsekretär.
20.11.	Laurenz Meyer löst Polenz als CDU-Generalsekretär ab.

2001

8.6.	Zukunftskonferenz der CDU in Berlin.
16.6.	Ende der großen Koalition in Berlin. SPD und Grüne stürzen mit Hilfe der PDS durch ein Mißtrauensvotum den regierenden Bürgermeister Eberhard Diepgen (CDU).
12./13.10.	CSU-Parteitag in Nürnberg unter dem Motto „Sicherheit im 21. Jahrhundert". Leitanträge „Aktive Bürgergesellschaft", „Soziale Marktwirtschaft im 21. Jahrhundert" und „Wohnungspolitisches Programm".
2.-4.12.	14. Parteitag der CDU in Dresden. Verabschiedung des Gesamtkonzepts zu Zuwanderung und Integration.

2002

13.1.	Der bayerische Ministerpräsident und CSU-Vorsitzende Edmund Stoiber wird nach dem Verzicht der CDU-Vorsitzenden Angela Merkel als gemeinsamer Kanzlerkandidat der Union für die Bundestagswahl am 22.9. aufgestellt.
24.9.	Angela Merkel übernimmt den Vorsitz der CDU/CSU-Bundestagsfraktion.

11.11.	16. Parteitag der CDU in Hannover.
16.12.	Einsetzung der Kommission „Bürgerpartei CDU" unter Vorsitz von Laurenz Meyer.

2003

3.2.	Einsetzung der Kommission „Soziale Sicherheit" unter Leitung von Bundespräsident a.D. Roman Herzog.
1.–2.12.	17. Parteitag der CDU in Leipzig. Beschluß zur Erneuerung der sozialpolitischen Programmatik „Deutschland fair ändern. Ein neuer Generationenvertrag für unser Land" und Beschluß „Bürgerpartei CDU – Reformprojekt für eine lebendige Volkspartei".

2004

23.5.	Wahl von Horst Köhler zum Bundespräsidenten.
6.–7.12.	18. Parteitag der CDU in Düsseldorf. Beschluß „Wachstum – Arbeit – Wohlstand".
22.12.	Laurenz Meyer tritt als Generalsekretär zurück.

2005

24.1.	Volker Kauder wird zum Generalsekretär gewählt.

(Stand: April 2005)

■

Bundestagswahlen 1949–2002

Bundestagswahlen 1949–2002

	CDU	CSU	SPD	FDP	GRÜNE	PDS
14.8.1949	25,2 %	5,1 %	29,2 %	11,9 %		
6.9.1953	36,4 %	8,8 %	28,2 %	9,5 %		
15.9.1957	39,7 %	10,5 %	31,8 %	7,7 %		
17.9.1961	35,8 %	9,6 %	36,2 %	12,8 %		
19.9.1965	38,1 %	9,5 %	39,3	9,5 %		
28.9.1969	36,9 %	9,5 %	42,7 %	5,8%		
19.11.1972	35,2 %	9,7 %	45,8 %	8,4 %		
3.10.1976	38,0%	10,6 %	42,6 %	7,9 %		
5.10.1980	34,2 %	10,3 %	42,9 %	10,6 %	1,5 %	
6.3.1983	38,2 %	10,6 %	38,2 %	7,0 %	5,6 %	
25.1.1987	34,5 %	9,8 %	37,0 %	9,1 %	8,3 %	
2.12.1990	36,7 %	7,1 %	33,5 %	11,0 %	3,8 %[1]	2,4 %
16.10.1994	34,2 %	7,3 %	36,4 %	6,9 %	7,3 %[2]	4,4 %
27.9.1998	28,4 %	6,7 %	40,9 %	6,2 %	6,7 %	5,1 %
22.9.2002	29,5 %	9,0 %	38,5 %	7,4 %	8,6 %	4,0 %

Anmerkungen:

1 B90/GRÜNE (Ost) 1,2 %.
2 Ab 1993 Zusammenschluß von GRÜNE/AL und B90/Die GRÜNEN.

Literaturauswahl zur Geschichte der CDU

Lexika

Lexikon der Christlichen Demokratie in Deutschland. Hg. von Winfried BECKER, Günter BUCHSTAB, Anselm DOERING-MANTEUFFEL und Rudolf MORSEY. Paderborn 2002.

Editionen/Dokumentationen

ADENAUER, Konrad: Briefe 1945–1961. Bearb. Von Hans Peter MENSING (Rhöndorfer Ausgabe). 8 Bde. Berlin 1983–1998, Paderborn 2000, 2004.

ADENAUER, Konrad: Teegespräche. 1950–1963; Bde. 1–3 bearb. von Hanns Jürgen KÜSTERS, Bd. 4 von Hans Peter MENSING (Rhöndorfer Ausgabe). Berlin 1984–1992.

Literaturauswahl

ADENAUER, Konrad: „Die Demokratie ist für uns eine Weltanschauung". Reden und Gespräche (1946–1967). Hg. von Felix BECKER. Köln 1998.

ADENAUER, Konrad: Reden 1917–1967. Eine Auswahl. Hg. von Hans-Peter SCHWARZ. Stuttgart 1975.

Konrad Adenauer und die CDU der britischen Besatzungszone 1946–1949. Dokumente zur Gründungsgeschichte der CDU Deutschlands. Bearb. von Helmuth PÜTZ. Hg. von der Konrad-Adenauer-Stiftung. Bonn 1975.

CDU-Bundesvorstandsprotokolle:
- Adenauer: „Es mußte alles neu gemacht werden." Die Protokolle des CDU-Bundesvorstandes 1950–1953. Bearb. von Günter BUCHSTAB. 2. Aufl. Stuttgart 1986 (Forschungen und Quellen zur Zeitgeschichte, 8).
- Adenauer: „Wir haben wirklich etwas geschaffen." Die Protokolle des CDU-Bundesvorstands 1953–1957. Bearb. von Günter BUCHSTAB. Düsseldorf 1990 (Forschungen und Quellen zur Zeitgeschichte, 16).
- Adenauer: „... um den Frieden zu gewinnen." Die Protokolle des CDU-Bundesvorstands 1957–1961. Bearb. von Günter BUCHSTAB. Düsseldorf 1994 (Forschungen und Quellen zur Zeitgeschichte, 24).
- Adenauer: „Stetigkeit in der Politik." Die Protokolle des CDU-Bundesvorstands 1961–1965. Bearb. von Günter BUCHSTAB. Düsseldorf 1998 (Forschungen und Quellen zur Zeitgeschichte, 32).

Bibliographie zur Geschichte der CDU und CSU: Band 1: 1945–1980. Bearb. von Gerhard HAHN. Stuttgart 1982. Band 2: 1981–1986. Mit Nachträgen 1945–1980. Bearb. von Brigitte KRAHE und Michaela SEIBEL. Düsseldorf 1990. Band 3: 1987–1990. Bearb. von Hildegard KRENGEL und Thomas SCHAARSCHMIDT. Düsseldorf 1994 (Forschungen und Quellen zur Zeitgeschichte 4, 15 und 25).

Literaturauswahl

Die Ära Kohl 1982–1998. Eine Internet-Dokumentation des Archivs für Christlich-Demokratische Politik. Sankt Augustin 2001. http://www.helmut-kohl.de.

Die CDU/CSU im Frankfurter Wirtschaftsrat. Protokolle der Unionsfraktion 1947–1949. Bearb. von Rainer SALZMANN. Düsseldorf 1988 (Forschungen und Quellen zur Zeitgeschichte, 13).

Die CDU/CSU im Parlamentarischen Rat. Sitzungsprotokolle der Unionsfraktion. Bearb. von Rainer SALZMANN. Stuttgart 1981 (Forschungen und Quellen zur Zeitgeschichte, 2).

Die CDU/CSU-Fraktion im Deutschen Bundestag:
- Sitzungsprotokolle 1949–1953. Bearb. von Helge HEIDEMEYER. Düsseldorf 1998 (Quellen zur Geschichte des Parlamentarismus und der politischen Parteien. Vierte Reihe: Deutschland seit 1945, 11/I).
- Sitzungsprotokolle 1953–1957. Bearb. von Helge HEIDEMEYER. Düsseldorf 2003 (Quellen zur Geschichte des Parlamentarismus und der politischen Parteien. Vierte Reihe: Deutschland seit 1945, 11/II).
- Sitzungsprotokolle 1957–1961. Bearb. von Reinhard SCHIFFERS. Düsseldorf 2004 (Quellen zur Geschichte des Parlamentarismus und der politischen Parteien. Vierte Reihe: Deutschland seit 1945, 11/III).
- Sitzungsprotokolle 1961–1966. Bearb. von Corinna FRANZ. Düsseldorf 2004 (Quellen zur Geschichte des Parlamentarismus und der politischen Parteien. Vierte Reihe: Deutschland seit 1945, 11/IV).

Der Weg in die Soziale Marktwirtschaft. Referate, Protokolle, Gutachten der Arbeitsgemeinschaft Erwin von Beckerath 1943–1947. Bearb. von Christine BLUMENNBERG-LAMPE. Stuttgart 1986 (Forschungen und Quellen zur Zeitgeschichte, 9).

HINTZE, Peter (Hg.): Die CDU-Parteiprogramme. Eine Dokumentation der Ziele und Aufgaben. Bonn 1995.

KAFF, Brigitte (Bearb.): Die Unionsparteien 1946–1950. Protokolle der Arbeitsgemeinschaft der CDU/CSU Deutschlands und der Konferenz der Landesvorsitzenden. Düsseldorf 1991 (Forschungen und Quellen zur Zeitgeschichte, 17).

Krone, Heinrich: Tagebücher. Erster Band: 1945–1961. Düsseldorf 1995. Zweiter Band: 1961–1966. Bearb. von Hans-Otto KLEINMANN. Düsseldorf 2003 (Forschungen und Quellen zur Zeitgeschichte, 28 und 44).

LANGGUTH, Gerd (Hg.): Politik und Plakat. 50 Jahre Plakatgeschichte am Beispiel der CDU. Bonn 1995.

Im Zentrum der Macht. Das Tagebuch von Staatssekretär Lenz 1951–1953. Bearb. von Klaus GOTTO u.a. Düsseldorf 1989 (Forschungen und Quellen zur Zeitgeschichte, 11).

Darstellungen

ADENAUER, Konrad: Erinnerungen. 4 Bde. Stuttgart 1965–1968.

BAUS, Ralf Thomas: Die Christlich-Demokratische Union Deutschlands in der sowjetisch besetzten Zone 1945 bis 1948. Gründung – Programm – Politik. Düsseldorf 2001 (Forschungen und Quellen zur Zeitgeschichte, 36).

BECKER, Winfried: CDU und CSU 1945–1950. Vorläufer, Gründung und regionale Entwicklung bis zum Entstehen der CDU-Bundespartei. Mainz 1987 (Studien zur politischen Bildung, 13).

BECKER, Winfried/MORSEY, Rudolf (Hg.): Christliche Demokratie in Europa. Grundlagen und Entwicklungen seit dem 19. Jahrhundert. Köln 1988.

BLUMENWITZ, Dieter u.a. (Hg.): Konrad Adenauer und seine Zeit. Politik und Persönlichkeit des ersten Bundeskanzlers. Bd. 1: Beiträge von Weg- und Zeitgenossen. Bd. 2: Beiträge der Wissenschaft. Stuttgart 1976.

BÖSCH, Frank: Die Adenauer-CDU. Gründung, Aufstieg und Krise einer Erfolgspartei 1945–1969. Stuttgart 2001.

BÖSCH, Frank: Macht und Machtverlust. Die Geschichte der CDU. Stuttgart 2002.

BUCHHAAS, Dorothee: Die Volkspartei. Programmatische Entwicklung der CDU 1950–1973. Düsseldorf 1981 (Beiträge zur Geschichte des Parlamentarismus und der politischen Parteien, 68).

BUCHSTAB, Günter/KAFF, Brigitte/KLEINMANN, Hans-Otto: Verfolgung und Widerstand 1933–1945. Christliche Demokraten gegen Hitler. 2. Aufl. Düsseldorf 1990.

BUCHSTAB, Günter/KAFF, Brigitte/KLEINMANN, Hans-Otto (Hg.): Christliche Demokraten gegen Hitler. Aus Verfolgung und Widerstand zur Union. Freiburg im Breisgau 2004.

BUCHSTAB, Günter/UERTZ, Rudolf (Hg.): Christliche Demokratie im zusammenwachsenden Europa. Entwicklungen, Programmatik, Perspektiven. Freiburg im Breisgau 2004.

BUCHSTAB, Günter/GOTTO, Klaus (Hg.): Die Gründung der Union. 2. Aufl. München 1990 (Geschichte und Staat, 254/55).

BUCHSTAB, Günter (Hg.): Verfolgt und entrechtet. Die Ausschaltung Christlicher Demokraten unter sowjetischer Besatzung und SED-Herrschaft 1945–1961. Eine biographische Dokumentation. Düsseldorf 1998.

GEHLER, Michael/KAISER, Wolfram/WOHNOUT, Helmut (Hg.): Christdemokratie in Europa im 20. Jahrhundert = Christian Democracy in 20th Century Europe. Wien 2001 (Historische Forschungen. Veröffentlichungen, 4).

GRADL, Johann Baptist: Anfang unter dem Sowjetstern. Die CDU 1945–1948 in der sowjetischen Besatzungszone Deutschlands. Köln 1981.

GRUBER, Ludger: Die CDU-Fraktion in Nordrhein-Westfalen 1946–1980. Eine parlamentshistorische Untersuchung. Düsseldorf 1998 (Forschungen und Quellen zur Zeitgeschichte, 31).

Geschichte einer Volkspartei. 50 Jahre CSU 1945–1995. Hg. von der Hanns-Seidel-Stiftung. Sonderausgabe der Politischen Studien. Grünwald 1995.

HEITZER, Horstwalter: Die CDU in der britischen Zone 1945–1949. Gründung, Organisation, Programm und Politik. Düsseldorf 1988 (Forschungen und Quellen zur Zeitgeschichte, 12).

HERBERS, Winfried: Der Verlust der Hegemonie. Die Kölner CDU 1945/46–1964. Düsseldorf 2003 (Forschungen und Quellen zur Zeitgeschichte, 42).

HOLZ, Petra: Zwischen Tradition und Emanzipation. CDU-Politikerinnen in der Zeit von 1946 bis 1960. Königstein/Ts. 2004.

KAFF, Brigitte (Hg.): „Gefährliche politische Gegner". Widerstand und Verfolgung in der sowjetischen Zone/DDR. Düsseldorf 1995.

KAFF, Brigitte (Hg.): Junge Union 1945–1950. Jugendpolitik in der sowjetisch besetzten Zone. Freiburg im Breisgau 2003.

KLEINMANN, Hans-Otto: Geschichte der CDU 1945–1982. Stuttgart 1993.

Literaturauswahl

Kleine Geschichte der CDU. Hg. von der Konrad-Adenauer-Stiftung. Stuttgart 1995.

KOHL, Helmut: Erinnerungen 1930-1982. München 2004.

KSELMAN, Thomas/BUTTIGIEG, Joseph A. (Ed.): European Christian Democracy. Historical Legacies and Comparative Perspectives. Notre Dame 2003.

LAMBERTS, Emiel (Ed.): Christian Democracy in the European Union [1945/1995]: Proceedings of the Leuven Colloquium, 15–18 November 1995. Leuven 1997 (KADOC-Studies, 21).

LANGGUTH, Gerd (Hg.): In Verantwortung für Deutschland. 50 Jahre CDU. Köln 1996.

LANGGUTH, Gerd (Hg.): Macht bedeutet Verantwortung. Adenauers Weichenstellungen für die heutige Politik. Köln 1994.

MARTIN, Anne: Die Entstehung der CDU in Rheinland-Pfalz. Mainz 1995 (Veröffentlichungen der Kommission des Landtages für die Geschichte des Landes Rheinland-Pfalz, 19).

PRIDHAM, Geoffrey: Christian Democracy in Western Germany. The CDU/CSU in Government and Opposition, 1945–1976. London 1977.

PÜTZ, Helmuth: Die CDU. Entwicklung, Aufbau und Politik der Christlich-Demokratischen Union Deutschlands. 3. Aufl. Düsseldorf 1978 (Ämter und Organisationen der Bundesrepublik Deutschland, 30).

RICHTER, Michael: Die Ost-CDU 1948–1952. Zwischen Widerstand und Gleichschaltung. 2. Aufl. Düsseldorf 1991 (Forschungen und Quellen zur Zeitgeschichte, 19).

Literaturauswahl

RICHTER, Michael/RISSMANN, Martin (Hg.): Die Ost-CDU. Beiträge zu ihrer Entstehung und Entwicklung. Weimar 1995 (Schriften des Hannah-Arendt-Instituts für Totalitarismusforschung, 2).

RINSCHE, Günter (Hg.): Frei und geeint. Europa in der Politik der Unionsparteien. Darstellungen und Dokumente zum 40. Jahrestag der Unterzeichnung der Römischen Verträge. Köln 1997.

RÜTHER, Günther (Hg.): Geschichte der christlich-demokratischen und christlich-sozialen Bewegungen in Deutschland. Grundlagen, Unterrichtsmodelle, Quellen und Arbeitshilfen für die politische Bildung. 3. Aufl. Bonn 1989.

SCHLEMMER, Thomas: Aufbruch, Krise und Erneuerung. Die Christlich-Soziale Union 1945 bis 1955. München 1998 (Quellen und Darstellungen zur Zeitgeschichte, 41).

SCHMEER, Reinhard: Volkskirchliche Hoffnungen und der Aufbau der Union. Evangelische Kirche und CDU/CSU in den ersten Nachkriegsjahren. Köln 2001 (Schriftenreihe des Vereins für Rheinische Kirchengeschichte, 150).

SCHMEITZNER, Mike: Im Schatten der FDJ. Die „Junge Union" in Sachsen 1945–1950. Göttingen 2004 (Hannah-Arendt-Institut für Totalitarismusforschung. Berichte und Studien, 47).

SCHÖNBOHM, Wulf: Die Geschichte der CDU. Programm und Politik der Christlich-Demokratischen Union Deutschlands seit 1945. Bonn 1980.

SCHÖNBOHM, Wulf: Die CDU wird moderne Volkspartei. Selbstverständnis, Mitglieder, Organisation und Apparat 1950–1980. Stuttgart 1985 (Forschungen und Quellen zur Zeitgeschichte, 7).

SCHWARZ, Hans-Peter: Adenauer. Bd. 1: Der Aufstieg. 1876–1952. Stuttgart 1986. Bd. 2: Der Staatsmann. 1952–1967. Stuttgart 1991.

VEEN, Hans-Joachim (Hg.): Christlich-demokratische und konservative Parteien in Westeuropa.
– Band 1: Bundesrepublik Deutschland, Österreich. Paderborn 1983.
– Band 2: Großbritannien, Frankreich. Paderborn 1983.
– Band 3: Italien, Griechenland. Paderborn 1991.
– Band 4: Schweden, Norwegen, Finnland, Dänemark. Paderborn 1994.
– Band 5: Schweiz, Niederlande, Belgien, Luxemburg, Europäische Demokratische Union, Europäische Volkspartei. Paderborn 2000.

WEINACHT, Paul-Ludwig (Hg.): Die CDU in Baden-Württemberg und ihre Geschichte. Stuttgart 1978 (Schriften zur politischen Landeskunde Baden-Württembergs, 2).

WEINACHT, Paul-Ludwig/MAYER, Tilman: Ursprung und Entfaltung christlicher Demokratie in Südbaden. Eine Chronik 1945–1981. Sigmaringen 1982.

WILDE, Manfred: Die SBZ-CDU 1945–1947. Zwischen Kriegsende und kaltem Krieg. München 1998.

Zeitgeschichte in Lebensbildern. Aus dem deutschen Katholizismus des 19. und 20. Jahrhunderts. Bd. 1,2 hg. von Rudolf MORSEY. Mainz 1973, 1975. Bd. 3ff., hg. Von Rudolf MORSEY/Jürgen ARETZ/ Anton RAUSCHER. Mainz 1979–1997; Münster 1999ff.

Periodika

Historisch-Politische Mitteilungen. Archiv für Christlich-Demokratische Politik. Im Auftrag der Konrad-Adenauer-Stiftung hg. von Günter BUCHSTAB und Hans-Otto KLEINMANN. Jg. 1ff. Köln 1994ff.

Politische Studien. Zweimonatsschrift für Politik und Zeitgeschehen. Hg.: Hanns-Seidel-Stiftung. Jg. 1ff. München 1956ff.

Archivführer

BUCHSTAB, Günter (Hg.): Die Bestände des Archivs für Christlich-Demokratische Politik der Konrad-Adenauer-Stiftung. Kurzübersicht. 5. Aufl. Sankt Augustin 2004. Internetfassung unter www.kas.de (Registerkarte Archiv).

HÖPFINGER, Renate (Hg.): Archiv für Christlich-Soziale Politik (ACSP). Verzeichnis der Bestände. 2. Aufl. München 2001. ∎

Der Herausgeber

Dr. Günter Buchstab ist Leiter der Hauptabteilung Wissenschaftliche Dienste/Archiv für Christlich-Demokratische Politik der Konrad-Adenauer-Stiftung e.V.